맛있는 커피와 아름다운 커피...

김대기의 바리스타 교본

김대기 저

미디어

Introduce

머리말

어린 시절 어른 몰래 먹던 학창시절 인스턴트 커피와 학창시절 커피 전문점에서 사이펀식 커피를 처음 접하면서 가지게 된 커피에 대한 환상이 DNA의 염기서열로 깊이 각인되었지만, 졸업 이후에는 커피와 전혀 관계없이 일상에서 접하는 인스턴트 커피의 맛없음을 한탄하면서 커피(인스턴트 커피)와 절연하고 그냥 바쁘게 살았었다.

그러던 어느 날 친한 친구의 제의로 그 때만해도 생소했던 〈커피볶는집 - 알투라〉를 열었었다. 본능적인 커피에 대한 환상과 커피를 볶는다는 자부심, 친구와의 좋은 우정만을 생각하면서 열었던 〈알투라〉는 당연히 거의 개점휴업상태가 되어갔다.

커피가 가지고 있는 다양성과 깊이를 알량한 자부심과 서툰 자부심으로는 이해하기 힘들었던 것이다. 머리가 아둔하면 몸이라도 부지런해야 할 것이다. 그래서 커피 공부를 다시 시작했다. 참고삼을 책도 변변치 않고, 커피 학원도 없는 시절이었기에 커피에 대한 환상은 진지함으로 바뀌었고, 알량한 자부심은 끝없는 노력으로 변할 수밖에 없었다.

커피를 볶고, 갈고, 추출하고, 맛 보기를 반복했다. 참으로 진지하고 순수한 시절이었다. 커피를 꼭 이기고 싶어서 마시고, 알고 싶어서 마시고, 친해지고 싶어서 마셔댔다. 커피에 취해본 적이 있는가? 커피에 취하면 술에 취한 것처럼 말이 많아지는 경우가 있다. 이를 자동차에 비유하면 술 취한 것은 브레이크가 고장난 것같이 제어가 불가능한 것이고, 커피에 취한 것은 가속페달을 계속 세게 밟고 있는 것과 같다. 또한 이 상태는 끝없는 정신적 질주본능에 맡겨진 채 커피에 대한 답은 오리무중인 상태로 즉, 커피에 대한 철저한 패배를 의미하기도 했다.

좌절도 많이 했지만, 그 시절은 나에게 많은 도움이 되었다. 만약 좋은 입지에서 첫번째 커피 전문점을 오픈하였다면 그저 그런 커피숍 주인으로 만족하고 있었을 것이다. 다행인지 불행인지 차근차근 커피 공부에 열중할 수 있었고, 그것이 지금 이 책을 쓸 수 있는 토양을 마련해 주었다. 하지만 그 시간이 너무 길었다. 예를 들면 요즘은 커피 학원에서 일주일이면 거의 배울 수 있는 Latte Art지만, 선생이 없던 그 시절 〈하트〉 하나를 혼자서 터득하는데 1년이나 걸렸었다.

위와 같이 스스로 많이 힘들고 수많은 시행착오를 겪었기에 후배 바리스타들에게는 좋은 환경을 만들어주고 싶어 지금도 힘쓰는 부분이 바로 〈커피교육〉이다.

그래서 이 글도 후배 바리스타나 바리스타를 꿈꾸는 혹은 바리스타에 대한 궁금증을 가진 독자들에게 실제적인 도움이 되도록 구성하였다.

옛사람들은 글에서 향기가 난다고 했다. 필자는 본 글에서 전문서적의 논리정연한 향취와 에세이의 정감어린 향기를 동시에 담고 싶었다. 그래서 전문서적으로 시작한 책이지만 책 곳곳에 커피에 대한 개인적인 생각들과 초보 바리스타들이 저지를 수 있는 실수들(실제로 필자도 경험했던 것들)을 포함한 생생한 경험들을 적어두었다. 자칫 개인적인 생각과 경험담이 사족으로 보일 수 있겠지만, 이는 다년간의 현장경험에서 우러난 것들로 다른 이론서들과 차별화된 것이라 감히 말할 수 있다.

우리 역사에서 외국의 문물이 용광로처럼 융화되어 더욱 앞선 문화로 승화시킨 예를 무수히 볼 수 있다. 커피도 외국에서 들어온 문화로 때론 배척을 받기도 하고, 마냥 숭배만 받기도 하는 문화지만, 앞으로 진정한 우리 것이 되고, 더 미래에는 다른 나라 사람들에게도 귀감이 되는 문화가 되었으면 한다. 그러기 위해서는 후배들의 끊임없는 연구와 노력이 필요하다. 결코 선배들이나 선생, 외국의 앞선 기술에만 의존하지 말 것을 당부한다. 따라서 이 책의 내용에 대해서도 소모적인 말싸움이 아니라면 헤겔의 변증법적인 발전을 기대하면서 많은 이의가 제기되기를 기대한다.

커피 한잔에 담겨있는 과학과 예술을 책 한 권에 모두 담을 수는 없겠지만, 한잔의 커피를 마시면서 이 책을 쓸 수 있다는 것이 내 생에 큰 행운이다. 또한 이 행복감을 맛보도록 항상 독려해준 출판사 사장님과 특히 몇 번에 걸친 사진작업을 커피 한잔으로 만족해준 전광수 수석 연구원, 시연과 에스프레소 머신을 담당해준 문형민 바리스타, 기타 소소한 부분을 챙겨준 강요안나 커피 강사, 늘 주위에서 힘을 더해주는 장정표 선생, 이외에도 일일이 열거할 수 없지만 좋은 분들이 내 주위에 늘 있다는 것이 커피가 주는 행복감보다 더 크다는 것을 이 책을 통해서 고백한다.

차 례

Chapter 1 들어가는 말 ■ 11

1. 언제부터 사람들은 커피를 마셨을까? ·················· 11
   (1) 칼디(Kardi)의 전설 / 11
   (2) 오마르(Omar)의 전설 / 12
2. 사람들은 왜 커피를 먹는 것일까? ·················· 13
3. 과연 커피의 어떤 모습이 우리를 매혹시키는 것인가? ······ 14
4. 사람들은 커피를 어떤 방법으로 먹는가? ·················· 14
5. Espresso ·················· 17

Chapter 2 바리스타의 정의 ■ 19

1. 바리스타의 실제적 의미 ·················· 19
   (1) 미국식 바텐더 / 19
   (2) 이탈리아의 바리스타 / 19
   (3) 대한민국의 바리스타 / 20
2. 커피 전문가, Roaster, Barista ·················· 20
   (1) 커피 전문가 / 20
   (2) Roaster / 20
   (3) 바리스타의 정의 / 20

Chapter 3   바리스타의 일과 ■ 23

1. 바리스타의 용모 ·· 23
2. 바리스타의 일과 ·· 26
   (1) Take-out 전문 매장 / 26
   (2) Full-Service 매장 / 29
3. 고객 응대 ·· 31
   (1) 손님 맞기 / 31
   (2) 자리 안내하기 / 32
   (3) 주문받기 <예시 1> / 33
   (4) 주문받기 <예시 2> / 33
   (5) 고객이 나가실 때 / 34

Chapter 4   관리자로서의 바리스타 ■ 37

1. 품질 관리 ·· 37
   (1) 원두 관리 / 37
   (2) 수질 관리 / 38
2. 고객, 매출 관리 ·· 39
   (1) 고객 관리 / 39
   (2) 매출(통계) 관리 / 44
3. 매장 관리 ·· 44
4. 인적자원 관리 ·· 45
   (1) 근무시간 관리 / 45
   (2) 역할 분담 / 46
   (3) 직급에 따른 임금체계 / 46

Chapter 5　바리스타와 서비스 ■ 47

　　1. 서비스의 정의 ·· 47
　　2. 서비스의 사례 ·· 47

Chapter 6　머신과 도구들 ■ 51

　　1. 에스프레소 머신 ·· 51
　　　　(1) 에스프레소 머신의 종류 / 51
　　　　(2) 각부의 명칭과 기능 / 53
　　2. 도구들 ·· 55

Chapter 7　기술편 ■ 65

　　1. Espresso ·· 65
　　　　(1) 에스프레소의 정의 / 65
　　　　(2) 에스프레소의 요소들 / 66
　　　　(3) Crema / 67
　　　　(4) 결론 / 69
　　　　(5) 에스프레소 맛있게 먹기 / 69
　　　　(6) 에스프레소 추출 / 70
　　　　(7) 청소하기 / 79
　　　　(8) 에스프레소 맛에 영향을 주는 요인들 / 82
　　2. 우유 거품내기 ·· 84
　　　　(1) 3단계법 / 84
　　　　(2) 2단계법 / 89
　　3. 메뉴 만들기 ·· 90
　　　　(1) Caffe Espresso / 90
　　　　(2) Caffe Espresso Doppio / 91
　　　　(3) Caffe Espresso Macchiato / 91

(4) Caffe Espresso Con Panna / 92
(5) Caffe Americano / 94
(6) Ice Americano / 96
(7) Caffe Cappuccino / 99
(8) Ice Cappuccino / 101
(9) Caffe Latte / 105
(10) Ice Caffe Latte / 107
(11) Caffe Caramel Macchiato / 109
(12) Ice Caffe Caramel Macchiato / 113
(13) Caffe Mocha / 116
(14) Ice Caffe Mocha / 119
(15) Caffe Irish / 122
(16) Caffe Snow / 123
(17) Dutch Caffe / 126
(18) Caffe Affogato / 127
(19) Royal Milk Tea / 127
(20) Lemon-aid / 128
(21) 총론 / 130

4. 카푸치노와 카페라떼의 차이점 ··············· 131
5. 기계 관리법 ··············· 134
  (1) 메뉴를 만든 직후 / 134
  (2) 하루 일과 후 / 137
  (3) 일과 시작 전 / 137
  (4) 일주일 단위 / 138
  (5) 그라인더 청소 / 140

Chapter 8 Latte Art ■ 143

1. 라떼아트 입문 ··············· 143
  (1) 라떼아트의 중요성 / 143
  (2) 라떼아트의 의미 / 144

    (3) 라떼아트의 종류 / 145

  2. 기술편 ··· 148
    (1) 그리기 / 148
    (2) 페인팅 / 155
    (3) Ice-Latte Art / 159

Chapter 9 바리스타의 전망 ■ 163

  1. 한국 커피 문화 변천사 ·· 163
  2. 카페는 어떤 곳인가? 바리스타의 역할은 무엇인가? ········ 166
  3. 직업으로서의 바리스타 ·· 167

Appendix 부록 ■ 169

  부록 1 기타 커피 추출 ·· 169
  부록 2 Cupping : cup testing ······································ 181
  부록 3 커피의 역사 ·· 184
  부록 4 커피나무의 성장과 가공 ····································· 188
  부록 5 산지별 커피의 특징 ··· 191
  부록 6 커피의 향미와 건강 ··· 196
  부록 7 커피 용어 해석 ··· 200
  부록 8 국가별 커피 마시는 방법과 제반 환경의 차이 ········ 205
  부록 9 커피 보관방법 ··· 210

Chapter 1
들어가는 말

1. 언제부터 사람들은 커피를 마셨을까?

약 1,300여 년 전 아프리카 어느 산에 자연적으로 불이 났을 것이다. 몇 날 며칠을 타던 산불이 마침내 잦아들자 숲은 그야말로 잿더미로 변해 버렸을 것이다. 생활의 터전을 잃어버린 사람들은 뜻밖에 황홀한 향기를 맡을 수 있었고 그 향기를 따라가서는 탐스러운 빨간 열매, 즉 커피나무를 마침내 발견하게 되었다. 커피의 향기와 약리 작용은 종교적 감흥과 삶의 의욕을 다시금 가지게 할 만큼 엄청난 것이었기에, 사람들은 엄청난 재난 뒤에 발견한 큰 수확물이 신이 주신 축복이라고 생각했다. 이 위대한 발견은 마침내 전설이 되고 신화가 되어 내려오고 있는데, 커피가 주는 매력만큼이나 신비롭다.

(1) 칼디(Kardi)의 전설

옛날 에티오피아의 아비시니아 고원에 칼디라고 불리는 양치기가 있었다. 우화에 나오는 거짓말을 잘하는 목동과 달리 그는 호기심이 많고 신앙심이 깊은 목동이었다. 정확하게는 염소를 양보다 더 많이 돌보고 있었던 것 같다. 왜냐하면 염소의 배설물이 원두와 닮아서 흔히 칼디는 염소치기였다고 여겨진다.

알퐁소 도테의 '별'에서 보듯이 맑은 영혼을 가진 이가 산속에서 동물을 돌보는 일은 자연의 아름다움을 칭송하고 때로는 그 두려움에 경외감을 가지기에 충분한 경험이었을 것이다. 그러던 어느 날 양순하던 염소들이 흥분하면서 뛰어놀기 시작했다. 순수한 양치기의 영혼과 영롱한 신앙심을 가졌던 칼디는 그 사실을 현자였던 수도승 원장에게 알리게 되었다.

칼디의 순수함을 익히 알았던 수도원장은 먼 길을 걸어서 염소들한테 가는 수고를 마다하지 않았고, 깊은 학식과 세월의 연륜을 지닌 수도원장은 칼디와 함께 염소들을 관찰하여 마침내 빨간색 열매, 커피나무를 발견하게 되었다. 이후 수도원장은 기도에 전념할 수 있었다고 전해진다(즉, 밤에 잠이 안 왔다는 것이다).

(2) 오마르(Omar)의 전설

뛰어난 능력에 황제의 신임까지 얻은 오마르가 출세 가도를 달리는 것은 너무나 당연한 일이었지만 동시에 적을 가질 수밖에 없었다. 오마르를 시기하는 무리들은 그를 모함하였고 그런 모함들은 항상 성공하기 마련인데, 그것은 황제라는 직위가 지니고 있는 특수성도 많이 작용했을 것이다. 즉, 능력 있고 현명한 신하를 다스려야 하는 동시에 그 능력이 황제 자신의 지위를 위협할 수 있다는 점이다. 만민의 태양으로서의 황제는 동시에 만인에게는 오르고 싶은 자리이기도 한 것이다. 또 모함이 성공했던 것은 오마르 자신의 자만심(능력있는 사람들이 흔히 가지는 지나친 자신감)이 많이 작용하기도 했다.

다행이 오마르는 부하들의 배려로 죽임을 당하는 대신 숲속에 버려지게 된다. 아사 직전까지 갔던 오마르는 아름다운 한 마리 새가 빨간 열매를 맛있게 먹는 것을 보았다. 너무나 배가 고팠던 오마르는 그 열매를 먹고는 원기를 회복했다. 이후 그는 신이 주신 커피열매를 가지고 병자들을 치료하였으며, 예전의 일을 거울삼아 항상 겸손한 마음으로 신의 선물을 불쌍한 사람들과 나누기를 주저하지 않았고 마침내 현자로서 칭송받게 되었다.

2. 사람들은 왜 커피를 먹는 것일까?

커피가 발견된 전설을 통하여 알 수 있는 것은 초기의 커피가 사람들에게 약용이나 종교의례의 제물이었음을 알 수 있다. 현대인에게는 익숙한 커피의 약리작용들이 1000여년 전의 사람들에게 충격이었을 것이다. 아무리 맡아도 질리지 않는 커피 향기에서 옛 사람들은 천국의 행복함을 떠올렸을 것이며, 커피로 인한 각성 작용은 기도에 전념해야 할 수도자들에게 신의 축복이었음은 의심의 여지가 없었다.

또한 첫 모금에서 입안을 가득 채우는 깊은 맛은 피곤에 지친 육체적 고통을 가시게 하기에 충분한 강렬함이었을 것이며, 신진대사를 활발하게 하여 몸을 데워주는 커피의 작용은 그 자체로 약이었다.

오늘날에도 우리는 고단한 삶의 달콤한 휴식을 취하기 위하여, 섬광 같이 번쩍이는 예술적 영감을 얻기 위하여, 사랑하는 사람과 나누는 따뜻함을 위하여, 신의 생각에 닿기 위한 성스러운 기도를 위하여, 술 취한 영혼을 일깨우는 각성제로, 낙엽 태우는 냄새와 함께 가을을 더욱 가을답게 하기 위하여, 어른으로 성장하기 위한 통과 의례로, 맛있는 성찬 뒤의 깔금한 후식으로, 밤새며 두드리는 자판기 옆에서, 그리고 지금 이 책의 탄생을 위하여 커피를 마신다.

3. 과연 커피의 어떤 모습이 우리를 매혹시키는 것인가?

천국을 연상시키는 매혹적인 향 때문일까?
검은색 심연이 주는 경외감 때문일까?
입안을 맴돌며 우리를 행복하게 하는 커피 맛 때문일까?
정신을 맑게 해주는 커피의 약리작용 때문일까?

4. 사람들은 커피를 어떤 방법으로 먹는가?

전설처럼 초기에는 커피열매를 그냥 먹었을 것이다. 그러다 차츰 커피를 볶는 기술이 생기고 다시 커피를 가는 기술을 습득하였고, 약 천여년 전에 이슬람 사람들은 커피를 추출하는 획기적인 방법을 발견한다.

터키식 커피 추출이라고도 하는 이 방법은 커피를 볶아서 아주 가늘게 갈고, 취향에 맞게 향신료나 감미료를 넣어서 그저 약한 불로 끓인다. 그러면 고운 거품이 생기면서 커피가 끓기 시작한다. 넘치기 전에 불에서 내려놓아 거품을 꺼지게 하고 다시 거품이 오르도록 불 위에 올려놓기를 3~4번 반복한다.(원래는 사막의 뜨거운 모래열기로 끓였다.)

cezbe

충분히 추출되었을 때 불에서 내려놓고 찌꺼기가 가라앉도록 가만히 기다렸다가 위의 맑은 커피를 마시는데 이때, 커피 찌꺼기가 입에 들어가기도 하고 잔에 남기도 하는데 이것을 하루의 운세를 점치는 도구로 사용하기도 하였다. 이러한 진하면서도 깊은 향과 맛을 지닌 이슬람식 커피 문화는 이후 커피 문화에 지대한 영향을 미치는데, 오늘날에도 유럽이나 터키, 아프리카 등지에서는 터키식 커피를

Ibrig

제공하는 곳도 많다.

 이슬람식 커피 문화를 이교도의 것으로 배척하기도 했지만 결국 유럽 문명은 그것을 받아들일 수밖에 없었다. 술로 찌든 유럽을 깨우기에 커피는 크나큰 축복이었고, 그 축복이 필요 없다 해도 커피를 배척할 문명이 존재할 수 있겠는가?

 음식문화가 다른 곳으로 전해지면서 많은 변화를 겪는 예는 수없이 많다. 커피가 유럽문화에 동화되면서 터키인들에게는 친숙했던 커피 찌꺼기가 유럽인들에게는 불편함을 줄 뿐이었다. 그래서 그들은 융(천), 종이, 쇠로 만든 필터 등을 이용하여 필터링하는 방법을 개발하였다. 결국 커피가 이슬람 문화에서 유럽문화로 확대되고 이어서 세계화가 진행되었다.

에프프레소식 추출

 산업혁명을 계기로 증기의 힘을 이용한 자동차나 기관차 등이 발명되는 19세기 후반에는 증기의 힘을 이용하여 커피를 추출하는 방법이 비로소 발명된다. 이 방식이 바로 Espresso 추출법이다.

에스프레소 추출 방식은 터키식 추출법을 현대적으로 재구현했다고 볼 수 있다. 에스프레소를 추출할 때 발생하는 Crema는 바로 터키식 커피를 끓일 때 생겨나는 거품(크레마는 영어의 Cream이라는 단어의 이탈리아어다. 정확한 번역이 아닐 수는 있지만 크림은 거품이라고 번역할 수 있겠다.)이 연상된다. 또한 무엇보다도 에스프레소식으로 추출한 커피가 가진 진하고 깊은 커피 맛과, 터키식 커피의 맛은 비슷한 면이 많다.

Espresso

옛 이슬람인들이 손으로 만들어 냈던 커피 본연의 맛을 이탈리아인들은 과학적이고 기계적인 방법으로 구현하여 전 세계인들의 맛을 사로잡아 가고 있다고 볼 수 있다. 물론 에스프레소가 가장 좋은 추출이라고는 생각하지 않는다. 혹, 지금까지 개발된 추출방법 중에서 가장 훌륭하다고 해도 앞으로 더 나은 방법이 나오지 않는다고 장담할 수 있겠는가.

5. Espresso

흔히 에스프레소를 양이 적고 진한 커피 원액이라고도 표현한다. 처음 접하는 사람들을 양으로 실망시키고, 처음 먹는 사람에게 맛으로 절망감을 안겨주는 에스프레소를 에스프레소 문화권에서는 왜 열광하는가?

커피에는 1,000가지 이상의 성분이 있는데, 추출 방법이 달라지면 추출되는 성분도 달라지고 당연히 맛도 달라진다. 이 중에서 비교적 강한 압력으로 추출하는 에스프레소식은 지용성 성분, 수용성 성분 등 커피의 거의 모든 성분이 추출되기 때문에 흔히 〈커피의 심장〉이라고 부르기도 한다. 강한 압력의 물로 추출하기 때문에 적은 양을 추출하고 진하게 먹어도 커피의 거의 모든 성분을 취할 수 있는 것이다. 그래서 에스프레소 문화권의 사람들은 열광적으로 커피의 매력에 빠져든다.

이 책에서는 지금까지 개발된 추출방법 중 가장 과학적이라 할 수 있고 커피의 본질을 추출할 수 있는 방법으로 여겨지는 에스프레소식 추출방법과 그 일을 직업으로 삼은 사람들(바리스타), 바리스타들이 사용하는 기계와 기구, 그것을 올바르게 사용방법 등 에스프레소와 그것을 다루는 사람들에 관한 거의 모든 것을 살펴보고자 한다.

절대로 에스프레소가 가장 뛰어난 추출법은 아니라는 점을 거듭 밝혀둔다. 에스프레소는 여러 추출방법 중 하나일 뿐이다.

핸드드립 방식이나 모카포트, 사이펀식, 더치식 등의 추출법 그리고 앞으로 발명될 더욱 많은 추출법들과 특히, 로스팅 분야의 글은 부록에서 조금만 다루고 더 자세한 것은 다음 책에서 기술할 것을 약속한다.

덧붙여 커피는 다분히 감성적인 음식이다. 마시는 사람과 함께 방향성을 가지고 진화해 나가는 생명체다. 커피향이 주는 다양하고 감성적인 흥취는 다음으로 미루고 여기서는 다소 이론적인 부분을 다루고자 한다.

Chapter 2

바리스타의 정의

바리스타(Barista)는 영어의 Bartender와 같은 의미의 이탈리어 어다. 즉, Bar 안에서 일하는 사람을 말한다.

1. 바리스타의 실제적 의미

(1) 미국식 바텐더

영국이나 미국 등지에서는 칵테일 등의 술과 약간의 음식을 만들어서 제공하는 곳을 Bar라고 부르는데, 여기에서 일하는 사람을 바텐더라고 부른다. 우리나라에서는 조주기능사라고도 불린다.

(2) 이탈리아의 바리스타

이탈리아에서는 주로 커피 머신을 중심으로 커피 음료를 제조하고 약간의 음식과 술(와인 등)까지를 취급하는 일을 주로 한다. 이탈리아의 Bar에서는 전통적으로 와인을 취급하고 많은 이탈리아인들이 와인을 좋아하기 때문에 바리스타는 커피에 대한 지식보다는 술에 대한 지식을 더 많이 요구할 때가 많다.

(3) 대안민국의 바리스타
커피 전문가를 칭하는 경향이 강하다.

2. 커피 전문가, Roaster, Barista

(1) 커피 전문가
원두, 커피 머신, 부재료, 기타 커피 기구 등 커피와 관련된 제반 사항을 학문적으로 연구, 보전, 발전, 교육하는 사람

(2) Roaster
로스터를 이용하여 커피를 볶는 사람

- Small Roaster
  비교적 적은 용량의 로스팅 머신으로 매장에 필요한 양 정도를 볶아서 판매하는 사람

(3) 바리스타의 정의
- 원두에 대한 지식
  바리스타는 사용하는 원두의 성질에 대하여 잘 알고 있고 그 품질을 유지, 발전시킬 수 있는 방법을 알고 있어야 한다.

- 기계 기구에 대한 지식
  원두를 추출하는 기계나 기구들의 사용방법, 관리, 수리 방법 등을

충분히 이해하고 있어야 한다.

- 부재료에 대한 지식

우유나 시럽, 소스 등 부재료의 맛과 그것을 유지하는 방법 등을 잘 알고 있어야 하며 그 재료들이 상호간에 미치는 영향 등을 충분히 인지하고 있어야 한다.

- 서비스

바리스타는 단순히 커피를 잘 만드는 사람을 말하는 것이 아니다. 단순히 커피를 잘 만드는 것은 커피 기능인에 가까울 뿐이다. 바리스타는 사람을 향한 직업이다. 따라서 투철한 서비스 정신을 가지고 있어야 한다.

- 관리자로서의 능력

바리스타는 매장관리, 노무관리, 고객관리 등 커피 음료를 만드는 능력만이 아니라 전체를 총괄할 수 있는 관리자로서의 능력을 가지고 있어야 한다.

- 결론

바리스타는 맛있는 커피를 만들어 낼 수 있는 능력을 기본적으로 갖추고 있고(커피 전문가), 좋은 심성을 바탕으로 한 투철한 서비스 정신(서비스맨)과 매장 전체를 통괄할 수 있는 능력(관리자)을 갖추고 있는 사람을 말한다.

바리스타의 일과

1. 바리스타의 용모

바리스타는 오케스트라의 지휘자와 같다. 반면 손님들은 훌륭한 교향곡을 보기 위해 오는 관객이라 할 수 있겠다. 좋은 원두를 선택, 관리하여 그것을 적절한 기계, 기구를 사용하여 각종 시럽, 소스 등의 부재료와 조율하여 완벽한 맛을 내는 것은 교향곡을 연주하는 지휘자와 비슷한 역할을 한다.

따라서 바리스타의 복장은 교향악단의 지휘자처럼 연미복의 품격을 가져야 한다. 그렇다면 어떠한 복장이 바리스타로서의 품격을 가지는가?

- 상의

깔끔한 이미지를 주고 메뉴가 정갈해 보이도록 보통 흰색의 와이셔츠를 많이 착용한다. 상권에 따라서는 발랄한 이미지를 주는 색이나 계절에 맞는 색을 선택하는 것도 좋다. 개성을 살릴 수 있는 무늬나 색깔도 좋다.

- 앞치마

보통 허리에서 매는 허리 앞치마를 많이 입는다. 실용적이고 세련되어 보인다. 또한 가슴에서부터 내려오는 앞치마는 우유 등이 옷에 튀는 것을 막을 수 있어 좋다. 그리고 앞치마에는 기본적으로 깨끗한 행주를 지니고 있어야 한다.

Self-Service 매장은 서비스와 메뉴 만들기가 동시에 이루어지므로 실용적이면서 깔끔한 이미지의 복장을 갖추고 있어야 한다. 반면 Full-Service 매장은 서비스맨과 바리스타가 다른 디자인으로 구별되는 것도 좋다. 또한 앞치마나 가슴에 로고와 상호를 넣으면 바리스타의 소속감이나 자부심이 고객에게 전달된다.

- 하의

검은색 바지나 스커트는 차분하고 정중한 느낌을 준다. 그리고 주머니에는 주문을 받을 수 있는 볼펜이나 메모지 등을 가지고 있는 것이 좋다. 반바지나 타이트한 타이즈나 요란한 모양의 장식은 품격을 떨어뜨릴 수 있으므로 피하는 것이 좋다. 하지만 바리스타의 개성을 살릴 수 있는 복장도 고려되어야 한다.

- 신발

  편하면서도 격식을 갖춘 단화나 구두가 좋다. 운동화나 슬리퍼는 격에 맞지 않는다. 또한 복장 전체의 조화가 이루어질 수 있도록 색상을 고려하자.

- 뒷모습

  바리스타의 활동 영역은 바 안에만 국한된 것이 아니다. 즉, 커피를 만들기 위한 준비 공간과 만드는 공간, 정리 공간뿐만 아니라 서빙하기 위한 통로, 청소활동 등등 바리스타의 손길과 눈이 닿는 모든 곳이 바리스타의 활동 공간이다.

  Take-out만을 전문적으로 하는 매장에서도 메뉴를 만들 때나 정리 정돈할 때, 바리스타의 뒷모습이 보인다.

  따라서 자칫 소홀히 할 수 있는 뒷모습까지도 신경을 써서 완벽한 용모를 갖추도록 노력해야 한다. 이것은 오케스트라 지휘자의 연미복이 뒷모습까지 멋있는 것과 같은 이유다.

전체적으로 너무 현란한 복장이나 화려한 악세사리, 깔끔하지 못한 머리모양, 튀는 화장 등은 좋지 않을 것이다. 하지만 매장이 젊음의 거리나 대학가 등 개성을 살릴 수 있는 위치에 있다든지 혹은, 매장의 컨셉트 자체가 화려함이 필요한 매장이라면 굳이 같은 모양의 복장을 강요할 필요는 없다. 또한 신세대 바리스타들의 개성을 살려 줄 수 있다면 획일적인 복장보다는 더 좋은 결과를 얻을 수도 있을 것이다.

2. 바리스타의 일과

(1) Take-out(=Take-away) 전문 매장

사무실이 많은 상권이나 대학가 등 활동적이고 새로운 문화에 대한 흡수력이 강한 상권. 메뉴의 가격을 저렴하게 하는 것이 좋지만 포장판매가 많으므로 회전율이 높다.

- 06시 30분(오픈 준비)

  상권의 특성상 바쁜 출근 시간에 고객들이 몰려올 수 있다.
  오픈 시간이 만약 오전 7시라면 적어도 30분 전에는 출근하여 오픈 준비를 하여야 한다. 즉, 오픈 시간 자체가 영업 개시 시간이 되어야 한다.

  - 머신 세팅하기 : 전날 밤 마감 시에 분해해서 뜨거운 물에 담궈 둔 porter filter를 수세미 등으로 깨끗이 닦아낸 후, 합체하고 신선한 커피를 담아서 추출하면서 그룹헤드와 포터필터를 청소하고 세팅도 조정한다.

  - 스팀노즐은 뜨거운 물에 담궈 둔 채로 스팀을 작동시켜 노즐을 청소, 깨끗한 행주로 씻어낸 후 일과를 시작한다. 또한 오픈 전에 청소, 테이블 정리, 조명등 켜기, 그라인더 세팅 조정하기, 음악 틀기, 시제금(잔돈 등) 등을 확인하여 오픈시간에 바로 영업이 이루어지도록 한다.

  - 영업하기 전에는 원두, 부재료가 제대로 있는지 꼭 확인하여야 한다. 그래야 완벽한 메뉴로 고객들의 아침을 깨울 수 있다.

- 07시 00분(영업 개시)~

상권에 따라 다르겠지만 사무실 밀집 지역은 아침 시간대가 출근하는 고객들로 피크를 이룬다. 바쁜 시간대이므로 가급적 빨리 메뉴를 만들 수 있도록 인원과 물품을 최대한 효율적으로 배치한다. 또한 아침식사대용이 가능한 간단한 베이커리나 샌드위치 종류를 눈에 잘 띄는 곳에 배치한다. 필요하다면 아침 set 메뉴를 개발하는 것도 좋은 방법이다.

영업중에 우유나 음료, 과일, 기타 부재료 등의 소모량을 파악하고 보충할 수 있도록 발주할 것을 준비한다.

- 11시 00분(점심시간 및 점검)~

점심시간의 피크 타임에 대비하여 미리 사이드 메뉴를 보충, 정리하고 에스프레소 머신의 상태를 점검한다. 이 때 필요하다면 에스프레소 머신의 굵기나 setting 상태를 재조정한다.

에스프레소 머신의 재조정은 필요하다면 하루에 몇 번이라도 하여야 한다. 커피는 살아있는 생명체다. 주위 환경의 변화에 민감하기 하기 때문에 수시로 커피가 추출되는 것을 보고 재조정하여야 한다. 또한 점심 피크시간이 오기 전에 그 날 필요한 물량을 발주하는 것이 좋다. 특히, 우유나 휘핑크림 등 매일 필요한 물품들은 오전에 주문하여 부족함이 없게 조치하고 선입선출 되도록 관리한다.

이 시간대는 회사원들의 점심시간이다. 지역 상권에 적합한 점심메뉴를 개발하여 제공할 수 있도록 한다. 또 후식으로 테이크아웃 고객이 증가하는 시간대다. 짧은 점심식사 시간에 맞게 인원과 물품을 최대한 효율적으로 배치하여 바쁜 고객들에게 불편을 끼치지 않도록 한다. 따라서 필요한 원두를 그라인더에 넉넉하게 담아두어 재료가 부족하지 않게 한다. 또한 단체 주문과 포장판매가 많으므로 미리 포장컵 등을 세팅해두면 여러모로 편리하다.

하지만 빨리 메뉴 만드는 것에만 급급하여 커피(에스프레소)를 미리 추출한 후 사용하는 것같이 무원칙적인 행위는 하면 안 된다.

- 17시 00분(저녁 피크타임 시작)~

물이나 냅킨, 빨대 등을 재보충하고 화장실 등 손님들의 편의 공간을 점검한다. 저녁 피크시간에 대비하여 에스프레소 머신을 다시 한 번 더 점검하고 조정한다.

저녁시간대는 포장하는 손님들보다는 커피를 마시면서 담소하거나 책을 읽는 등 비교적 오랫동안 머무는 손님들이 증가하는 시간이다. 따라서 조용하고 차분한 음악을 틀어서 손님들과 조화를 이루도록 한다.

일부 매장에서는 바쁜 시간대에 오히려 빠르고 경쾌한 음악을 틀어서 회전율을 높이는 것을 영업 노하우로 생각하는 경우가 있다. 이러한 얕은 상술보다는 격무에 지친 고객들에게 편안한 휴식을 줄 수 있는 배려가 필요하다.

- 22시 30분

영업 종료 약 30분 전부터 기물 정리와 출납 정리를 준비한다.

매출 정리는 매장에서 매우 중요한 부분이다. 출납을 꼼꼼히 정리하여 매입, 매출이 정확하게 맞도록 한다.

- 23시 00분

마감 시간에 그 날 사용한 스팀피처, 온도계, 잔, 스푼, 행주 등 모든 물품을 닦은 후 흰 행주 위에 엎어서 보관해 두는 것이 좋다. 그러면 물기가 없이 위생적으로 보관할 수 있고 다음날 기물의 잡냄새를 없앨 수 있다. 또한, 에스프레소 머신은 Back-flushing 등으로 정리 해둔다.

Steam nozzle은 뜨거운 물에 담궈 놓는 것이 좋다.

포터필터는 분해한 후 뜨거운 물에 담구어 둔다. 필요하다면 에스프레소 전용 청소가루나 액을 같이 넣어 두어도 좋다.

이외에도 점포 안팎 청소, 전등 끄기 등으로 하루 일과를 마감한다. 물론 출입문을 잠그는 것도 잊지 말자. 실제로 마감시에 에어컨을 끄지 않는 일이 빈번하다. 따라서 전기배선을 조정하여 냉장고 등은 제외하고 스위치 하나를 끄면 모든 전기가 차단되는 배선을 제안한다.

(2) Full-Service 매장

유동인구가 많은 상업지구에 위치하여 일몰 이후 고객이 증가하는 매장

- **10시 30분(오픈 준비)**

    상권의 특성상 출근 시간대에는 고객들이 거의 없으므로 점심시간 이후에 OPEN해도 무방하다.

    테이블 회전율은 떨어지지만 음료의 단가를 높게 책정할 수 있다. 셀프-서비스보다 풀-서비스가 적합하다.

    - 머신 세팅하기 : 전날, 마감 시에 분해해서 뜨거운 물에 담궈 둔 포터필터를 수세미 등으로 깨끗이 닦아낸 후, 합체하고 신선한 커피를 담아서 추출하면서 그룹헤드와 포터필터를 청소하고 세팅도 조정한다.

- 스팀노즐은 뜨거운 물에 담궈둔 채로 스팀을 작동시켜 노즐을 청소, 깨끗한 행주로 씻어낸 후 일과를 시작한다. 또한 오픈 전에 청소, 테이블 정리, 조명등 켜기, 그라인더 세팅 조정하기, 음악 틀기, 시재금(잔돈 등) 등을 확인하여 오픈 시간에 바로 영업이 이루어지도록 한다.

- 영업하기 전에는 원두, 부재료가 제대로 있는지 꼭 확인하여야 한다.

■ 11시 00분(영업 개시)~

늦은 아침이나 이른 점심을 대비하여 브런치(Brunch) 메뉴를 개발하여 판매한다. 혹은 커피와 같이 즐길 수 있는 과자나 조각 케이크로 커피의 맛을 높이고, 식사대용이 되도록 한다. 또한 비교적 한가한 시간이므로 이 때, 필요한 물량을 발주하는 것이 좋다. 특히, 우유나 휘핑크림 등 매일 필요한 물품들은 미리 주문하여 부족함이 없게 조치하고 선입선출 되도록 관리한다.

■ 17시 00분(저녁 피크타임 시작)~

물이나 냅킨, 빨대 등을 재보충하고 화장실, 서비스 Bar 등 손님들의 편의 공간을 점검한다. 또한 저녁 피크시간에 대비하여 에스프레소 머신을 다시 한 번 더 점검하고 조정한다.

저녁 피크시간에는 모임이나 만남을 가지는 고객들이 많다. 따라서 테이크아웃 매장처럼 메뉴를 빨리 만드는 것보다는 고객의 취향에 맞는 커피를 만드는 것이 중요하다. 시간이 다소 걸리더라도 고객과 대화하고 손님의 취향에 맞는 음료로 최선의 서비스를 제공하도록 한다. 또한 필요하다면 사이펀이나 핸드드립 등의 추출법을 시도해 보는 것도 좋다. 다양한 추출법으로 고객의 다양한 요구를 수용하는 것도 중요하다.

- 22시 30분

영업 종료 약 30분 전부터 기물 정리와 출납 정리를 준비한다.
매출 정리는 매장에서 매우 중요한 부분이다. 출납을 꼼꼼히 정리하여 매입, 매출이 정확하게 맞도록 하여야 한다.
포스시스템을 이용하면 더욱 편리하게 마감 정산할 수 있다.

- 23시 00분

마감 시간에 그 날 사용한 스팀피처, 온도계, 잔, 스푼, 행주 등 모든 물품을 닦은 후 흰 행주 위에 엎어서 보관해 두는 것이 좋다. 그러면 물기가 없이 위생적으로 보관할 수 있고 다음날 기물의 잡냄새를 없앨 수 있다. 또한, 에스프레소 머신은 Back-flushing 등으로 정리 해둔다.
Steam nozzle은 뜨거운 물에 담궈 놓는 것이 좋다.
포터필터는 분해한 후 뜨거운 물에 담구어 둔다. 필요하다면 에스프레소 전용 청소가루나 액을 같이 넣어 두어도 좋다.
이외에도 점포 안팎 청소, 전등 끄기 등으로 하루 일과를 마감한다.

3. 고객 응대

(1) 손님 맞기

"안녕하세요", "어서 오세요"라고 인사한다.

날씨에 대해서 먼저 얘기하는 것도 자연스러울 것이다. 예를 들면 "오늘 날씨 너무 좋지요?" 하면서 메뉴판을 안내한다면 손님의 기분도 한껏 좋아질 것이다.

바리스타는 커피 전문가만은 아니다. 서비스맨으로서 손님보다 먼저, 항상 웃는 얼굴로 인사하여야 한다.

때로 "안녕하세요. ○○ 커피전문점입니다."라고 인사할 수도 있다. 특히 인사할 때 형식적으로만 하지 않도록 한다. 형식적이고 의례적인 인사는 고객에게 오히려 거부감을 줄 수도 있다.

진심에서 우러나는 인사의 요령은 물론 진심어린 마음을 가지는 것이 겠지만 우선 고객의 눈을 보는 것이 중요하다. 고객과 눈을 맞추면서 살짝 미소까지 띄워준다면 그 매장은 친절한 집이기에 충분하다.

(2) 자리 안내하기

테이크아웃 전문점이라면 테이블 안내까지는 필요 없겠지만, 테이블이 많은 매장이라면 흡연, 금연 여부를 물은 후 자리를 안내해주는 것도 좋겠다.

특히, 매장을 처음 방문하는 고객들은 분위기가 낯설어 당황할 수 있다. 이럴 때 바리스타의 기지를 발휘할 수 있다. 정중히 자리를 안내해주고 Self-서비스나 Full-service에 대하여 설명해주고 주문과 서빙 동선을 안내해준다면 처음 방문한 고객도 오래된 단골고객처럼 편안함을 느낄 수 있을 것이다.

(3) 주문받기 〈예시 1〉 (Full 서비스 매장)

- 손   님 : "모카 주세요."
- 바리스타 : "주문 확인해드리겠습니다. 카페모카 1잔 주문하셨습니다. 따뜻한 걸로 드릴까요? 차가운 음료로 준비해 드릴까요?"
- 손   님 : "차갑게 해주세요."
- 바리스타 : "휘핑크림 올려 드릴까요?"
- 손   님 : "네, 많이 주세요."

〈메뉴 만든 후 - 서빙〉

- 바리스타 : "주문하신 음료 나왔습니다. 맛있게 드세요."

Coffee Tip

특히 봄, 가을에는 뜨거운 메뉴인지, 차가운 메뉴인지 꼭 물어보는 것이 좋다. 또한 휘핑크림도 꼭 물어보는 것이 좋다. 카페모카에 항상 크림이 첨가된다는 것은 고정 관념일 뿐이다. 요즘은 건강을 위하여 크림이 없이 드시는 고객들도 많다.

(4) 주문받기 〈예시 2〉 (셀프서비스 매장)

- 손   님 : "마끼아또 1잔과 아메리카노 주세요."
- 바리스타 : "주문 확인해드리겠습니다. 카페 카라멜마끼아또 1잔과 카페 아메리카노 1잔 주문하셨습니다. 따뜻한 걸로 드릴까요? 차가운 음료로 준비해 드릴까요?"

- 손   님 : "뜨겁게 해주세요."
- 바리스타 : "계산 먼저 도와드리겠습니다. ○○원입니다."
- 손   님 : 현금으로 지불한다.
- 바리스타 : "현금 영수증 발행해 드리겠습니다."

〈메뉴 만든 후〉

- 바리스타 : "주문하신 음료 나왔습니다. 맛있게 드세요."

Coffee Tip

> 바리스타와 손님은 근본적으로 다르다. 혹시, 주문 시에 고객이 메뉴나 매장 분위기에 익숙하지 못하다면 적극적으로 도와드리자. 최선을 다해서 설명하고 그래도 이해하지 못하면 그건 근본적으로 바리스타의 능력 부족이라고 생각한다. 손님이 메뉴에 대해서 이해하지 못하는 것은 당연한 것 아니겠는가? 만약 손님들이 모든 메뉴를 제대로 이해하고 있다면 그것이 오히려 바리스타의 존재가치를 상실하게 하는 것일 수도 있다.
>
> 따라서 고객이 단순하게 "마끼아또 주세요."라고 요구할 때, "카페 카라멜마끼야또"인지 "에스프레소마끼야또"인지 다시 한 번 정확하게 물어 보자. 물론 이 때도 차가운 것인지 뜨거운 것인지 확인하는 것도 중요하다.
>
> 또한 덧붙여서 좀 더 달게 드실 것인지? 샷 추가할 것인지? 물어보는 것도 좋고 여유가 된다면 고객들이 스스로 시럽이나 소스를 추가해서 넣을 수 있는 서비스 Bar를 만들어 두는 것도 좋다.

(5) 고객이 나가실 때

바리스타가 먼저 맛있게 드셨는지 물어본다. "○○원입니다."라고만 얘기하는 것은 너무 멋없지 않는가?

계산을 다하고서는 "안녕히 가세요"라고 인사한다. 이때도 매장의 모든 스텝들이 진심으로 인사하는 것이 중요하다. 때로 바쁜 직원들이 거저 건

성으로 인사하는 경우가 있는데 그것은 좋지 못하다. 하던 일을 멈추고 고객과 눈을 부드럽게 맞추면서 인사한다.

개인적으로 "또 오세요"라는 인사말은 싫어한다. 바리스타와 직원은 고객에게 최선을 다할 뿐이다. 그리고 그 매장을 단골로 삼을지는 고객들 스스로가 결정할 문제다.

> # 관리자로서의 바리스타

1. 품질 관리

커 피의 맛을 개선, 유지하기 위한 행위

(1) 원두 관리

원두품질에 영향을 주는 요인은 수 없이 많다. 그 중에서도 원두의 신선도를 유지하는 것이 매우 중요한데, 원두의 신선도를 유지하기 위해서는 다음의 4가지 자연요소를 고려하여야 한다.

- 햇빛
  햇빛(자외선)으로부터 차단하는 것이 좋다. 햇빛이 원두의 산화를 촉진시키기 때문이다.

- 온도
  온도가 낮은 것이 좋다. 온도가 높을수록 산화반응이 빨라진다.

- 공기

    산소로부터 차단시키는 것이 좋다. 불안정한 물질인 산소가 다른 물질과 반응하는 것을 산화반응이라고 하는데, 산소를 없애는 것이 산화반응을 막기 위한 가장 좋은 방법 중 하나다.

- 습도

    원두는 속이 다공질로 되어 있어서 습기를 잘 흡수한다. 습기를 흡수한 원두는 신선도가 떨어지는 것이 당연한 사실이다. 따라서 습기가 원두에 들어가지 않도록 하는 것이 좋다.

(2) 수질 관리

수질 관리는 매장 내 수질 관리와 머신의 수질 관리 두 부분으로 나눌 수 있다. 여기서는 Espresso 머신의 수질 관리에 대해서 살펴보도록 한다.

커피는 약 99%가 물이다. 따라서 매장에서 사용하는 물의 특성에 따라 같은 커피를 같은 방법으로 추출해도 다른 맛이 나오는 것을 많이 보았다. 그러므로 사용하는 물을 제대로 관리하는 것이 매우 중요하다. 우선 정수기를 사용하고 정수필터를 반드시 정기적으로 교환해주어야 한다. 제품에 따라서는 교환할 때가 되면 물이 아예 안 나오는 제품도 있다. 그러나 실제로 필자가 방문한 많은 가게들이 정수기가 있는지도 몰랐다는 곳도 많다.

이 외에도 커피의 품질을 유지하기 위해서는 그라인더 조절, 커피의 양, 탬핑, 추출 양 등 많은 요인들이 있다. 이 부분은 〈기술편〉에서 자세히 다루도록 하겠다.

원두의 품질 외에도 우유, 소스, 시럽 등 부재료와 품질 관리도 중요하다. 또한 베이커리나 샌드위치 등의 음식을 취급하는 매장이라면 先入先出의 원칙을 지키는 것은 매우 중요하다. 유통기한이 있는 재료들을 제대로 관리 못해 뒤에 매입한 재료를 먼저 사용하는 단순한 실수가 고객들의 건강까지도 위협할 수 있다.

2. 고객, 매출 관리

(1) 고객 관리

■ 고객 각자의 취향 찾기

고객의 취향은 다양하다. 따라서 고객의 취향에 맞출 수 있도록 커피의 진하기, 당도, 시럽의 종류, 우유의 양, 휘핑크림의 양 등을 미리 알아보는 것이 좋다.

외국의 Bar에서는 흔히 커피의 양이나 우유의 양에 대한 요구를 미리 바리스타에게 요구하는 고객들이 많다. 하지만 아직도 커피가 생활화되지 못한 대한민국에서는 좀처럼 자신의 취향을 밝히지 않는 손님들이 많다. 따라서 끊임없이 고객의 취향을 알아내기 위한 시도를 하는 것이 좋다.

〈예 : 손님이 카페 카라멜마끼아또를 주문했을 때〉

① 먼저 차가운 메뉴인지 뜨거운 메뉴인지를 물어본다. 특히 봄, 가을에는 꼭 물어보는 것이 좋다. 손님들 스스로도 선택의 여지가 많기 때문이다.

② 당도를 물어본다. 보통 카페 카라멜마끼아또는 단 것을 좋아하는 손님들이 주문하지만 요즘은 건강 때문에 단 것을 싫어하는 분들도 많다. 따라서 무조건 달게만 만드는 것도 좋지 않다.

③ 보통 카라멜마끼아또에는 휘핑크림(생크림)을 올리지 않고 만든다. 그럼에도 손님이 휘핑크림을 올려 달라면 올려 드린다. 카페 카라멜마끼아또에 휘핑크림이 올려지면 카페 카라멜모카라 부르는 것이 좋겠지만 손님이 원하시는 대로 만들어 주는 것이 좋다. 메뉴의 이름이 중요한 것이 아니라 손님의 취향이 중요하다. 그리고 그 취향을 기억하여 다음에 다시 방문할 때, 취향대로 만들어 주는 것이 바로 고객관리의 시작이다.

■ 서비스 바를 준비한다.

아무리 바리스타가 고객의 취향을 잘 파악하여 메뉴를 만든다고 해도 고객을 만족시키지 못할 수도 있고 고객이 마음을 바꿀 수도 있다. 이때 서비스 바를 설치해두면 고객 스스로가 부족한 부분을 채우도록 할 수 있다.

이 서비스 바에는 물, 시럽, 소스, 우유, 냅킨, 빨대, 설탕 등을 준비해 둔다.

■ 쿠폰제도

쿠폰제도는 단골을 쉽게 만들 수 있는 방법 중의 한 가지다.

쿠폰제의 본래 취지는 충성도가 높은 손님들에게 일정액을 돌려 드린다는 의미다. 또한 고객의 정보를 수집하여 적절한 마케팅 전략을 짤 수 있게도 해준다.

예를 들면 생일을 맞이한 고객에게 축하 문자를 보내거나 새로운 메뉴가 출시되었을 때, 정보를 제공하여 고객들의 내점을 유도한다던지, 요즘은 ○○-day가 많으므로 이벤트마케팅을 전개할 수도 있다.

■ 고객과 대화하기

Bar를 흔히 바리스타와 고객을 단절시키기 위한 장벽으로 여기는 분위기가 많다. 그래서 Bar 안은 〈외부인 출입금지〉다. 물론 바 안으로 외부인(고객)이 함부로 출입하는 것은 좋지 않다. 그러나 바의 역할은 고객들과 바리스타를 단절시키기 위한 장벽이 아니라 고객과 바리스타가 편안하게 대화하고 즐기기 위한 하나의 가구일 뿐이다. 마치 테이블을 사이에 두고 손님들이 서로 마주 앉는 것처럼, 테이블이나 의자가 없다면 손님들이 얼마나 불편하겠는가?

그러므로 바리스타는 바를 최대한 활용하여야 한다. 그 중의 하나가 바로 손님과 대화하기다.

"오늘 날씨가 좋지요?"
  - 누구나 공감하고 쉽게 대답할 수 있는 화제.
"헤어스타일이 바뀌었네요."
  - 상대방에 대한 관심을 표현할 수 있는 대화.
"어제 축구 경기 보셨나요?"
  - 남성들이 좋아할 만한 대화.
"오늘은 봄 분위기가 나시네요."
  - 여성들이 좋아할 만한 대화.

"오늘은 이 커피를 드셔 보세요. 이번 여름을 겨냥하여 새롭게 선보이는 메뉴입니다."
　　- 새로운 메뉴에 대한 정보 제공.
"오늘은 커피가 좀 강하게 로스팅되어 바디감이 더 좋을 거에요."
　　- 커피에 대한 지식 제공.

위와 같이 처음에는 누구나 공감하고 쉽게 대화가 이어질 수 있는 소재로 대화를 시작하는 것이 좋다. 지나치게 개인적인 질문이나 정치적인 소재는 피하는 것이 좋다. 또한 상대방에 대한 가벼운 관심은 고객들에게 강한 인상을 줄 수 있어 좋다. 물론 지나친 관심은 금물이다. 커피전문점에서만 접할 수 있는 전문지식을 손님들에게 제공해주는 것도 중요하다. 커피에 대한 지식은 누구나 궁금해하는 것이므로….
반대로 손님들이 바리스타에게 대화를 청하는 경우도 많다.

"진한 커피가 에스프레소인가요?"
　　- 고객들이 가지고 있는 흔한 편견
"카푸치노와 카페라떼의 차이가 뭔가요?"
　　- 우유거품의 양이나 잔의 크기, 커피의 농도와 관련된 까다로운 질문 중 하나
"최근에 볶은 커피 주세요."
　　- 신선도에 대한 관심.
"전 산미가 강한 커피가 좋아요."
　　- 개인 취향에 대한 표명.

"오늘 커피는 특히 맛있네요."
　- 고객의 만족도에 관한 화제. 반대로 "오늘 커피는 너무 쓴맛이 많이 나요"라고 불평할 수도 있다.

"제일 맛있는 것으로 주세요."
　- 까다로운 질문 중 하나. 우리가 흔히 음식점에서도 똑같은 요구를 많이 하는데 자제할 것을 당부한다.
　- 필자는 이 질문에는 스무고개처럼 고객의 취향을 알아나간다. 예를 들면,

"커피 좋아하시죠?"
　- 커피 메뉴로 할 것인지? 다른 음료로 할 것인지?

"단 것 좋아하시나요?"
　- 원두커피로 할 것인지? 메뉴커피로 할 것인지?

"뜨겁게 드릴까요? 차갑게 드릴까요?"

"휘핑크림 올려드릴까요?"

이런 방법으로 고객의 취향을 알아내어 메뉴를 만들어 주면 거의 만족한다.

위에서 우리는 고객 관리의 여러 가지를 살펴보았지만 고객 관리의 가장 중요한 점은 고객을 진심으로 사랑하는 마음이다. 경쟁업체의 커피를 마다하고 내 커피를 더 좋아하는 사람보다 더 사랑하고픈 사람이 있을까?

(2) 매출(통계) 관리

매출 관리는 회계를 말하는데 요즘은 pos 시스템이 발전하여 쉽게 시간대별, 일별, 주별, 월별, 년별 관리와 메뉴별, 분석이 용이하다. 매출 관리가 과학적으로 이루어지면 매장의 장단기 계획을 수립할 수 있는 자료로 활용할 수 있다.

이를 테면 카푸치노의 매출은 높은데 카페라떼의 매출은 낮다는 것을 알게 되었다면, 카페라떼의 품질이나 가격을 조정할 수 있도록 계획을 세울 수 있다. 만약, 오전의 매출이 현저히 낮다면 오전 시간대에 할인행사를 한다든가, 아예 open 시간을 오후로 늦출 수도 있다. 매출 관리를 꾸준히 하면 손님들의 취향이 바뀌는 것도 알 수 있다.

필자가 경영하는 매장도 초기에는 카페모카나 카라멜마끼아또같이 베리에이션 메뉴의 매출이 훨씬 높았지만, 요즘은 원두커피(드립커피)의 매상이 월등히 높아졌다. 이런 통계를 바탕으로 변화하는 고객의 취향과 유행을 발견하여 새로운 전략을 수립할 수 있다.

3. 매장 관리

매장 관리는 재고 파악, 물품관리, 청소 등이 있다.

- 1일 재고 파악
  - 우유, 과일, 베이커리류, 사이드 메뉴의 재료 파악.

- 1주 재고 파악
  - 생크림, 휘핑크림, 휘피크림, 생과일류.

- 1달 재고 파악
    - 시럽, 소스, 기구, 커피 잔 등등 비교적 유통기한이 길거나 반영구적인 비품들도 파악한다.

- 계절별 관리
    - 계절에 따라 잘 팔리는 메뉴가 다르다. 여름철에는 생과일이나 빙수 등 시원한 메뉴가 잘 팔릴 것이므로 이에 따라 재료나 물품을 구비해두어야 한다.
    - 뜨거운 메뉴와 차가운 메뉴를 담는 잔도 다르다. 따라서 이에 알맞게 용기를 준비해 두어야 한다. 이외에도 티스푼이나 설탕 등 자칫하면 놓칠 수 있는 부분까지도 꼭 체크해두어야 한다.

커피 전문점은 식품을 취급하는 곳이다. 그래서 특히, 식재료의 유통기한을 철저히 파악하고 선입선출될 수 있도록 한다.

4. 인적자원 관리

"인사가 만사다"라는 말이 있다. 좋은 직원들은 맛있는 메뉴보다 더 중요하다. 직원 스스로의 만족도가 생산성을 높이게 하며 매장을 책임지는 관리자의 역할에 충실하도록 하여 직장과 함께 개인의 발전을 도모해 가도록 한다.

(1) 근무시간 관리

커피 전문점은 Open 시간이 길고 쉬는 날이 없는 경우가 많다. 따라서 직원의 근무시간 배치가 어려운 경우가 많다. 따라서 근무시간을 안배할 때 다음의 사항을 고려하여야 한다.
- 쉬는 날을 고르게 배치할 것.
- 피크시간에 능력이 뛰어난 직원이 근무하도록 할 것.
- 공휴일에 내점 고객이 많음.
- 하루 근무시간을 너무 오래하지 않도록 할 것.

(2) 역할 분담
- 직원의 업무와 아르바이트의 업무의 선을 지킨다.
- 유사시 업무가 호환되도록 할 것.
- 오픈 팀과 마감 팀의 업무는 매우 다르다. 동시에 두 가지 업무를 병행할 수 있도록 한다.

(3) 직급에 따른 임금체계
- 아르바이트 : 시간당 계산. 예) 6시간×4,000원=24,000원
- 정직원 : 월급제
- 점장 : 인센티브제를 병행해도 좋다.

Chapter 5
바리스타와 서비스

1. 서비스의 정의

경 제활동에 제공되는 요인 중 물질적인 것을 제외한 활동을 서비스라 한다.

2. 서비스의 사례

다음의 사례들은 매장에서 실제로 일어났거나 발생할 수 있는 문제들이다. 본인이 Barista라고 생각하고 문제의 답을 생각해보자.

아이스 메뉴에 (설탕)시럽이 아니라 가루 설탕을 넣어 달라고 하는 고객이 있다면
( ) 이상한 손님이다. 가루 설탕 빨리 넣어주고 보낸다.
( ) 아이스 메뉴에는 설탕시럽을 넣어야 잘 녹는다고 설명하고, 그래도 가루 설탕을 요구하면 설탕을 넣어준다.

( ) "가루 설탕으로 특별한 맛을 느끼려나 보다."라는 마음으로 기꺼이 넣어 드린다.

■ 서비스의 첫번째 원칙

"손님은 항상 옳다." "손님은 왕"이다.

'카푸치노를 먹을 때 가루 설탕을 뿌려 녹이지 않고 먹으면 설탕이 씹히면서 특별한 맛을 느낄 수도 있는데 아이스커피(아이스 아메리카노)도 그런 방법으로 먹을 수 있겠다.'라는 생각으로 서빙하는 것과 '또 이상한 손님 왔다. 그냥 시키는 대로 빨리 주고 보내자'라는 생각으로 서빙하는 것과는 엄청난 차이가 있다.

결과적으로는 둘다 가루 설탕을 넣어 드리지만 고객이 느끼는 것은 많이 다르다.

'고객의 요구에는 합당한 이유가 있다'는 전제하에 설탕을 넣어 드릴 때와 '귀찮은데 빨리 보내자'는 생각으로 설탕을 넣어 드릴 때, 바리스타의 표정이 다르고 그 표정까지도 손님들은 알아내어 그 집에 다시 올지 말지를 결정한다. 이것은 우리가 다른 가게에 손님으로 갔을 때도 흔히 느끼는 바이기도 하다.

오렌지 주스를 반쯤 먹던 손님이 나머지 반을 가지고 와서 "이거 데워주세요" 할 때

( ) "손님은 왕"이므로 즐거운 마음으로 스팀을 이용하여 데워준다.

( ) 데워줄 수 없다고 간곡히 설득한다. 설득이 불가능할 때는 딱 잘라서 거절한다.

( ) 먹던 오렌지 주스를 데우면 딴 고객에게 폐가 되므로 새로운 주스로 데워 드린다.

■ 서비스의 두 번째 원칙

"바리스타는 여러 명의 왕을 섬기는 노예다."

한 사람만의 고객을 위하여 다른 손님에게 피해를 주면 안 된다. 만약 스팀을 이용하여 먹던 음료를 데우면 위생적으로 다른 손님에게 피해를 줄 수 있다.

또한 매장 내에서 싸우는 고객이 있다면 다른 손님들에게 피해를 주기 전에 정중하게 나가 줄 것을 냉정하게 요구하여야 하는 것도 같은 이유다.

손님이 다른 업세의 커피음료를 가져와서 마시면서 공부하고 있다면
(　) 고객의 입장을 배려하여 그냥 둔다.
(　) 매장이 도서관은 아니다. 단호히 나가달라고 요구한다.
(　) 리필까지 해드리며 미안하게 만든다.

■ 서비스의 3번째 원칙

"노예를 굶기는 왕은 더 이상 왕이 아니다. 반란도 가능하다."

손님이 아무리 왕이라 해도 노예를 굶기면 안 된다. 바리스타는 손님에게 최선을 다하고 음료와 서비스에 대한 정당한 대가는 당당히 받아야 한다.

손님들도 바리스타의 최상의 서비스와 상품을 지속적으로 제공받으려면 그에 상응한 대가를 지불해야 하는 것은 너무나 자명한 일이다.

서비스! 바리스타에게는 매우 중요한 단어다. 서비스 없는 바리스타는 존재하지 않는다. 그래서 바리스타라는 직업을 서비스직이라 한다.

많은 바리스타들이 서비스직에 종사하지만 서비스직에 어울리지 않는 사람들도 많다. 흔히 바리스타들이 손님에게 봉사할 생각보다 완벽한 커피만 만들려고 노력하는 경우가 많다. 사실 완벽하다는 단어 자체는 "불가능하다"라는 뜻을 가지고 있다. 그 불가능에만 매달리지 말고 고객에게로 눈을 돌리자.

사람이 커피를 마시는 것이지, 커피를 위해서 고객이 봉사할 수는 없다.

"바리스타의 존재 가치는 커피에 있지 않고 사람에게 있다."

Chapter 6

머신과 도구들

1. 에스프레소 머신

(1) 에스프레소 머신의 종류

〈직동방법에 따른 분류〉

	추출방법	편리성	맛의 변화	장·단점	
Full Automatic	버튼 조작만으로 에스프레소 및 카푸치노 등 가능	가장 편리함	거의 일정한 맛 유지 가능	누구나 일정한 맛을 내기에 적당하나, 완벽한 맛을 내기에는 미흡	사무실, 가정 등 전문바리스타를 두기 힘든 곳
Automatic	추출버튼에 메모리 기능이 있음	편리함	일정한 맛을 내기에 적당함		커피전문점
Semi Automatic	메모리 기능이 없는 추출버튼만 있음	on-off를 바리스타가 직접 결정해야 함	다양한 맛을 내기에 적당함		커피전문점

	추출방법	편리성	맛의 변화	장·단점	
Manual	모터 없이 바리스타의 힘에 의하여 작동됨	편리성이 가장 떨어짐	맛의 변화 폭이 가장 크다.	다양한 맛을 내기에 적당하나, 수준 이하의 커피가 나올 가능성도 높다.	커피전문점

〈보일러 구조에 따른 분류〉

- 일체형 보일러

  보일러 하나로 스팀, 커피 추출, 뜨거운 물을 같이 사용하는 방식.
  - 장점 : 고장이 적다(보일러가 하나이므로 구조가 간단하다.). 가격이 저렴하다.
  - 단점 : 보일러가 하나이므로 하나가 고장나면 모든 기능이 정지된다.

- 독립형 보일러
  - 장점 : 보일러가 적어도 2개 이상이므로 하나가 고장나도 작동이 가능하다.
  - 단점 : 보일러 개수만큼이나 구조가 복잡하여 고장이 잦고 가격이 비싸다.

〈스팀 방식에 따른 분류〉

- 다이얼식

  스팀을 내기 위하여 다이얼을 돌린다. 손목에 무리가 갈 수 있으나 스팀 양을 조정하기에 용이하다.

- 레버식

  스팀을 내기 위하여 레버를 작동시킨다. 작동이 간편한 편이나 스팀 양을 조정하기는 불편하다.

(2) 각부의 명칭과 기능

- on / off 스위치

  기계를 작동시키기 위한 스위치

- 추출버튼

  커피를 porter 필터에 담아 그룹헤드에 장착한 후 작동시키기 위한 버튼

- 스팀봉

  우유의 온도를 높이고 거품을 내기 위한 스팀이 나오는 장치

- 물추출버튼

  아메리카노를 만들거나 차를 우리기 위한 물을 추출하는 버튼

- 스팀압력계

  머신의 내부에 차있는 스팀의 압력을 표시한 게이지

- 추출압력계

  커피가 추출될 때의 물의 압력을 표시하는 게이지. 추출하지 않을 때는 약 3기압에 있다가 추출버튼을 작동하면 약 9기압까지 올라간다.

- 스팀레버(다이얼)

  스팀이 나오도록 작동시키는 장치. 다이얼이나 레버로 되어 있다.

- 그룹헤드

  포터필터가 끼워지는 부분

- 수위계

  보일러 안의 물의 양을 나타낸다.

- 포터필터(porter filter)

  가끔 '포르타 필터'라고 부르는 경우가 많은데, porter를 일본식으로 발음한 책을 그대로 번역한 경우다. 중요한 문제는 결단코 아니지만 평소에 맘에 걸려서 적어 보았다. Bar를 일본사람들은 '바르'라고 부른다. 맥도날드는, 좀 어렵다.

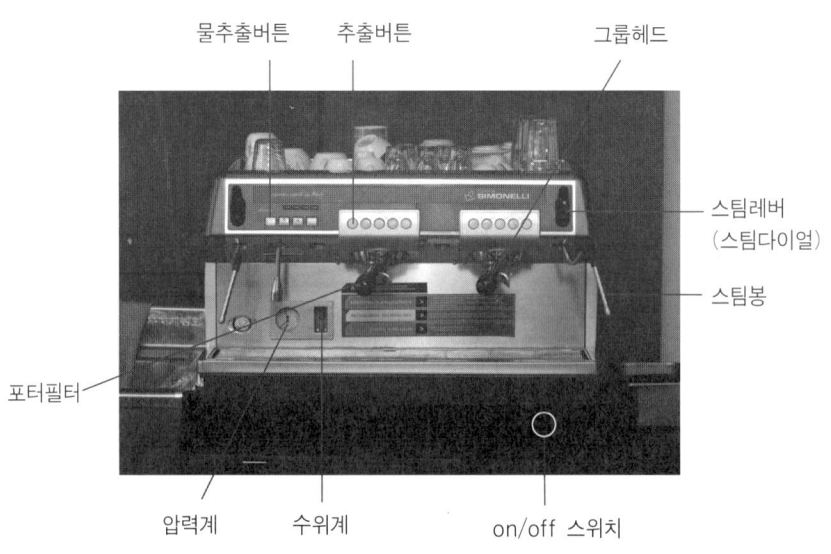

2. 도구들

- 스팀피처

우유를 데워서 거품을 내는데 사용하는 기구.

스팀피처

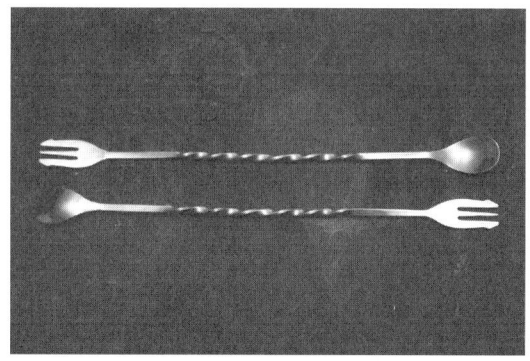

바 스푼

- 바 스푼

컵에 든 내용물을 섞는 도구. 한쪽 끝은 스푼모양, 다른 한쪽 끝은 포크형태로 되어 있다.

■ 휘핑기

휘핑기는 크게 헤드, 몸체 두 부분으로 나뉘어져 있다. 몸체는 크림 등을 담는 부분이고, 헤드는 고압가스를 주입하여 크림을 만들어 낼 수 있는 구조로 되어 있다.

휘핑기

휘핑기의 구조

■ 셰이커

　커피와 기타 부재료를 섞어주는 도구

■ 샷글라스

　커피를 담는 기구.
　1oz 표시가 있다.

1oz

■ 탬퍼

커피를 다지거나 수평을 맞출 때 사용하는 도구

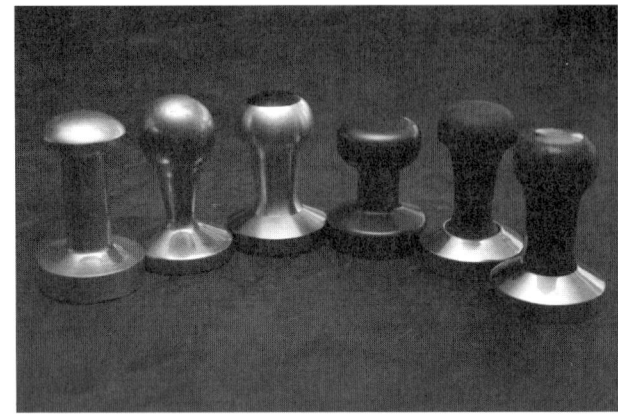

탬퍼

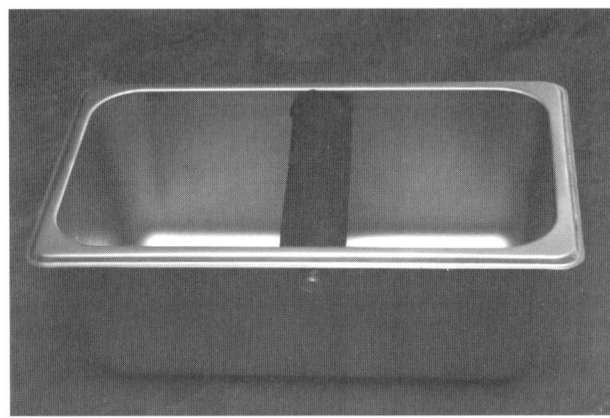

노코박스

■ 노코박스

커피 찌꺼기를 버리는 도구

- 지거

  시럽이나 소스를 계량하는 도구

〈휘핑크림〉

- 크림의 종류

  - 휘피크림

    주재료는 식물성 팜유로 만든다. 유통기한이 매우 길다. 식감은 다소 떨어짐, 매우 달다.

  - 휘핑크림

    주재료는 우유. 유통기한이 20일 정도, 식감은 보통, 달지 않다.

  - 생크림

    주재료는 우유. 유통기한은 일주일 정도로 제일 짧다. 식감이 제일 좋다. 달지 않다. 가격이 다소 비싸다.

- 휘핑크림 만드는 방법
  - 휘피크림을 사용하는 경우
    휘피크림을 300ml 정도 넣고 휘핑가스를 넣은 후, 충분히 흔들어 사용한다. 맛이 매우 달고 팜유 특유의 향이 난다.

① 크림 넣기

② 헤드 끼우기

③ 휘핑가스 넣기

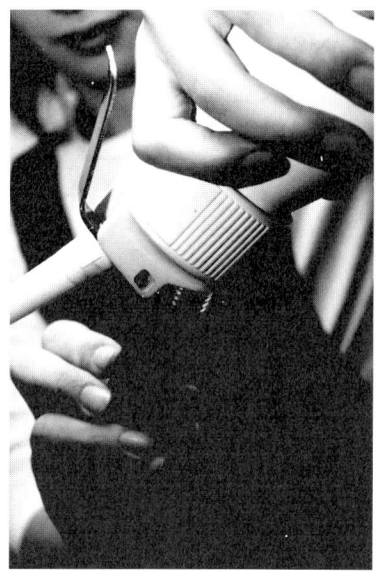
④ 가스 주입하기

⑤ 흔들기

Chapter 6 머신과 도구들 | 61

- 휘핑크림을 사용하는 경우

    휘핑크림을 약 300ml 넣고 휘핑가스를 넣은 후, 충분히 흔들어 사용한다. 달지 않고 고소한 맛이 좋다. 때로 단 맛을 내기 위하여 시럽이나, 소스 등을 첨가해서 만들 수도 있다. 시럽의 색깔에 따라서 크림의 색이 다르게 나오기도 한다. 예를 들면 딸기시럽을 넣으면 분홍색, 녹차가루를 넣으면 연두색의 크림이 만들어진다. 한편, 보드카 등을 약간 첨가하면 더욱 풍부한 맛을 낼 수도 있다.

- 생크림을 사용하는 경우

    잘 사용하지 않는 방법이지만 식감이 매우 좋은 크림을 만들 수 있다. 휘핑크림만 사용해서 만들 때와 같이 여러 가지 시럽이나 소스 등을 첨가해서 만들 수도 있다. 다 사용한 후, 몸체에 크림이 많이 남는 단점이 있다.

- 휘피크림과 생크림을 섞어서 사용하는 경우

    만들기가 다소 번거롭지만 휘피크림의 단맛과 생크림의 좋은 식감을 동시에 살릴 수 있다. 휘핑크림 330ml, 생크림 250ml의 비율이 적당하다.

■ 휘핑기 청소법

- 반드시 휘핑기 안의 가스를 다 빼고 몸체와 헤드를 분리한다. 거의 모든 바리스타들이 초보일 때, 한 번씩은 경험했을 것이다. 가스를 안 빼고 분리했을 때의 폭발력을….

- 흐르는 물과 뜨거운 물에 휘핑기의 부속품을 충분히 씻어 낸다. 휘핑크림은 주로 우유가 주성분이므로 뜨거운 물에 잘 씻어진다. 세제를 사용하는 것도 좋은 방법이기도 하지만 세제가 남지 않도록 반드시 흐르는 물에 여러 번 세척한다.

- 물기를 충분히 뺀 후 재사용한다.
  휘핑기를 청소할 때, 가스켓을 분실하지 않도록 한다. 가스켓 없이 휘핑크림을 만들면 크림이 새어 나온다.

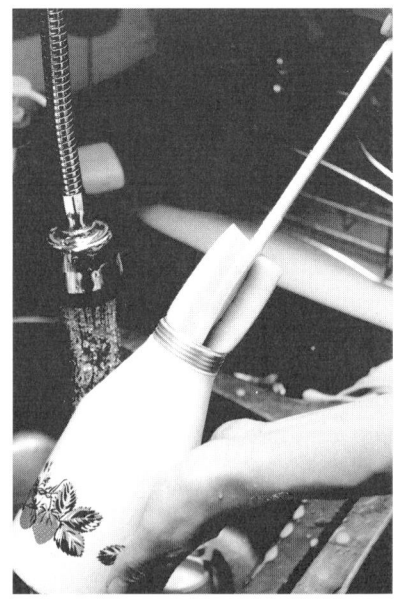

Chapter 7

기술편

1. Espresso

(1) 에스프레소의 정의

- 사전적 의미

  빠르다. 영어의 express와 같은 뜻의 이탈리아어.

  핸드드립 추출보다 훨씬 빠른 시간에 커피를 추출할 수 있다. 추출시간만 약 20~30초

  핸드드립에서는 준비시간을 빼고 약 2분여의 추출 시간이 필요한데, 숙달된 바리스타가 에스프레소를 추출하면 준비시간까지 포함해도 약 1분이면 충분히 추출할 수 있다.

- 문화적인 의미

  Bar에 서서 커피를 빨리 먹고 가는 문화 행태. 물론 많은 이탈리아 사람들이 커피를 마시면서 서로 대화를 나누기도 하지만, 빨리 추출된 에스프레소를 빨리 마시고 가는 문화형태.

(2) 에스프레소의 요소들

- 추출압력

8~9기압의 강한 압력의 물로 커피가 추출된다.

- 굵기

0.03mm~0.1mm. 밀가루보다는 굵고 설탕보다는 가늘다. 핸드드립보다 더 가늘게 그라인딩하지 않으면 높은 추출압에 의하여 물이 그냥 흘러 버려서 맹탕의 커피가 추출될 수도 있다.

- 커피 양

7~9g/ 1인분, 14~16g/ 2인분, 높은 압력으로 커피를 추출하기 때문에 핸드드립 보다 더 작은 양으로도 추출이 가능하다.

- 탬핑

핸드드립으로 추출할 커피는 강하게 탬핑하면 커피가 아예 추출되지 않을 가능성이 높다. 하지만 에스프레소로 추출할 때는 강하게 탬핑한다. 만약 강하게 탬핑하지 않으면 추출이 제대로 되지 않고 그저 연한 커피가 추출될 가능성이 높다.

- 추출 양

약 1oz=약 30ml. 에스프레소식 커피 추출은 높은 압력으로 커피를 추출하기 때문에 적은 양을 추출해도 충분히 커피의 거의 모든 성분이 추출될 수 있다.

■ 추출하는 물의 온도

80~90도

흔히 90~95도로 잘못 알려져 있다.

커피를 마실 때 적정온도는 70도 정도이다. 그렇다면 에스프레소를 추출하는 물의 온도는 80도에서 90도 이하가 적정하다. 즉, 90도 이상의 물로 커피를 추출하면 에스프레소가 너무 뜨겁다.

(3) Crema

이탈리아어 Crema=영어의 cream, 한글로는 거품으로 번역할 수 있겠다.

높은 압력으로 추출되는 Espresso식 커피는 지용성 성분까지 추출될 가능성이 매우 높다. 또한 이 지용성 성분은 수용성 성분보다 가볍다. 따라서 거품처럼 위에 뜨는데 이것이 바로 크레마다.

- 색깔

  크레마의 색깔은 카라멜 색을 띠어야 하며 너무 짙거나 연하면 좋지 않다.

- 무늬

  제대로 추출된 에스프레소는 호랑이 얼룩무늬 같은 무늬가 있다. 흰 점이 생기거나 너무 짙은 색이 나오면 좋지 않다.

- 크레마의 유지성

  크레마는 가루설탕을 넣었을 때, 설탕을 잠시라도 잡아 둘 수 있어야 한다. 또한 스푼으로 긁었을 때, 바로 복원이 되어야 한다. 자연 상태에서 1~2분 정도는 크레마가 유지되어야 한다.

■ 두께

크레마의 두께는 약 2~3mm 정도가 되어야 한다.

(4) 결론

에스프레소는 커피의 지용성, 수용성 성분 등 거의 모든 성분이 추출되기 때문에 일명 '커피의 심장'으로 불린다.

(5) Espresso 맛있게 먹기

보통 이탈리아 인들은 많은 양의 설탕을 커피(에스프레소)에 넣고 젓지 않고 마신다. 그래서 처음에는 커피의 쓴맛으로 입을 가시고 마지막에는 단맛으로 입을 깔끔하게 해준다. 물론 이탈리아 사람들이 먹는 방식으로 먹어야만 할 필요는 없다. 취향에 맞게 블랙으로 마시거나 우유 등을 첨가해서 마실 수도 있다.

많은 사람들이 설탕에 대해서 묻는다. 과연 커피에 설탕을 넣는 것이 좋은지, 나쁜지. 커피에 있어서 설탕은 다른 음식의 소금과 같다. 소금이 적게 첨가된 음식을 보통 "싱겁다"라고 한다. 커피도 그런 식으로 표현하는 경우가 많다.

카페모카나 카라멜마끼아또처럼 단맛을 즐기는 커피음료가 당도가 떨어질 경우, 사람들은 보통 싱거우니 커피를 더 넣어 달라고 한다. 하지만 보통의 음식에 소금을 넣으면 싱거움이 가시고 맛이 진해지는 것처럼, 커피음료에서도 설탕이나 시럽, 소스 등을 첨가하면 맛이 진해지면서 풍부해지는 것을 볼 수 있다.

한 모금 머금었을 때, 입안에 꽉 차는 커피 향!

거기에 적당량의 설탕이 가미되어 더욱 풍부한 향미를 느낄 수 있다면 그것 또한 행복한 일이다. 물론 필자는 직업상 커피를 블랙으로 먹어야 할 경우가 많다. 하지만 고객들은 커피 본연의 맛을 느끼기 위하여 커피를 마시는 것은 아닐 것이다. 그러므로 일반적으로 커피를 즐길 때는 설탕이나 초콜릿, 진한 치즈케이크와 같이 즐기는 것도 괜찮다.

진한 Espresso 한잔을 치즈케이크와 함께 즐기는 것은, 잘 우려낸 곰국에 맛있는 김치를 곁들여 먹는 것과 같은 느낌일 것이다. 물론 단 맛이나 짠 맛을 너무너무 싫어하는 사람은 제외하고….

(6) 에스프레소 추출

① 포터필터 분리

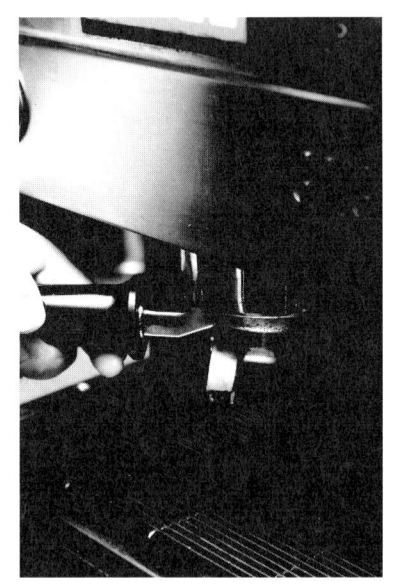

포터필터는 항상 그룹헤드에 끼워서 보관해야 한다. 그래야 그룹헤드가 충분히 따뜻한 상태에서 커피를 추출할 수 있다. 때로 포터필터를 머신 위의 따뜻한 곳에 보관하는 경우도 있는데 그 때는 안전사고(바닥으로 떨어지는 등)가 일어날 수도 있다. 또한 찬 곳에 보관하는 것은 바람직하지 않다. 차가운 음식은 차가운 그릇에 담고 따뜻한 음식은 따뜻한 그릇에 담아내는 것과 같은 이유다.

② 포터필터에서 물기 제거
커피는 습기를 잘 흡수한다.
따라서 린넨 같은 천으로 물
을 충분히 제거하여야 한다.

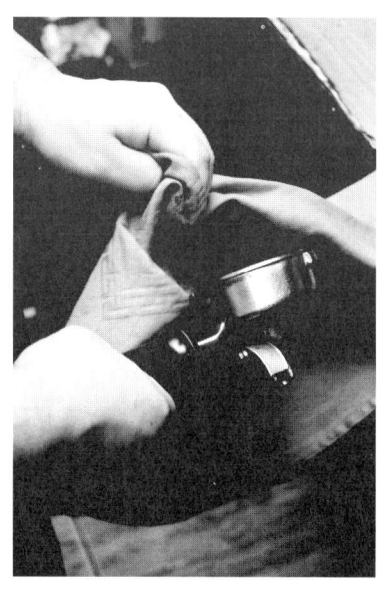

③ 포터필터를 그라인더에 놓기
한 손으로 살짝 잡고 있으면 된다.

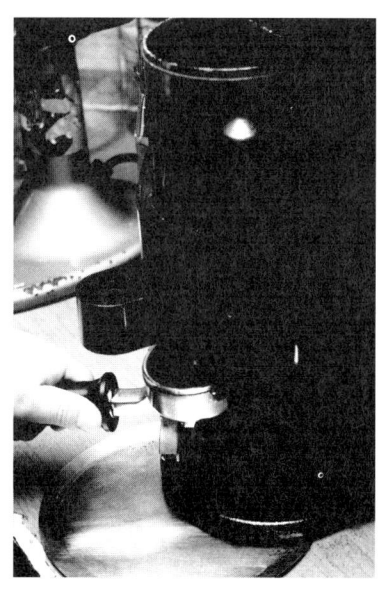

④ 커피 갈기

대형업체는 커피를 많이 갈아놓고 사용하지만, 일반적인 업체는 결코 바람직하지 않다. 왜냐 하면 커피를 갈아놓으면 표면적이 늘어나고 늘어난 표면적만큼 공기와 접하는 면적이 늘어나서 산화 반응이 빨리 일어나면서 좋은 향과 맛을 원두 상태일 때보다 더 빨리 잃어버릴 수 있기 때문이다. 하지만 하루에 수백 잔을 판매하는 매장이라면 미리 갈아놓고 사용하는 것이 더 편리할 수 있다.

⑤ 도조에 담긴 커피가루를 포터필터에 담기

포터필터에 커피를 담는 방법은 여러 가지가 있는데 대원칙은 다음과 같다.

- 항상 일정한 양 담기 : 약 14g~16g 정도.
- 골고루 담기 : 골고루 담기 위하여 일단 포터필터에 커피를 많이 담아서 깎아 내면서 덜어내는 방법을 사용하거나, 적당한 양을 정확하게 담은 후 손, 탬퍼를 사용하여 골고루 펴는 방법을 사용하기도 한다.

⑥ 커피가루를 평평하게 하기

태핑

⑦ 탬퍼로 1차 탬핑하기

1차 탬핑은 약하게 2차 탬핑은 강하게 혹은, 그 반대로 하는 경우도 있다. 그러나 필자는 강한 1차 탬핑 한번으로 끝내는 경우가 많다. 결국 탬핑이라는 행위는 첫 번째, 커피를 편평하게 하고, 두 번째는 커피를 다져 주어서 추출이 잘 일어날 수 있도록 도와주는 것이지 순서나 방법이 중요한 것은 아니다.

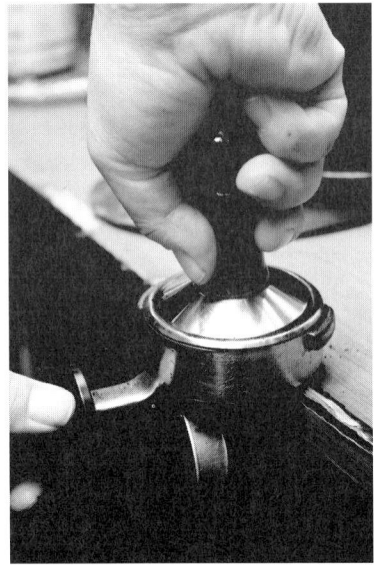

탬핑

수평맞추기

다지기가 잘 된 경우

또한 탬핑을 전혀 하지 않는 경우는 어떻게 될까? 필자가 강의할 때 (매장에서 메뉴 만들 때는 반드시 탬핑을 한다.) 탬핑을 전혀하지 않고 커피를 추출해보기도 하는데, 많은 경우 약간 연한듯 하지만 에스프레소가 제대로 추출된다. 이것은 바로 원두의 신선도 때문이다.

재료의 질이 좋고 신선하면 많은 것이 해결된다. 실제 에스프레소 전용 그라인더에 코처럼 장착되어 있는 것은 탬퍼다. 그리고 에스프레소 머신이 생산될 때, 같이 생산되는 부속품인 탬퍼는 거의 힘을 줄 수 없을 것 같은 볼품없는 플라스틱으로 만들어진다.

그라인더에 장착된 탬퍼

⑧ 태핑하기

탬핑은 탬퍼로 커피를 눌러서 다지는 것을, 태핑은 탬퍼의 손잡이 부분으로 포터필터의 밑부분을 쳐주는 것을 말하는데 필자의 경우는 태핑은 생략하는 경우가 많다.

왜냐하면 태핑이라는 것은 포터필터의 안쪽 기둥에 있는 커피가루까지 살짝 쳐 내려서 완전히 이용하려고 하는 행위다. 이때 태핑이 약간이라도 강하면 몇 g도 되지 않는 커피를 아끼려다 이미 담겨져 있는 커피가루에 물길이 생겨서 맛의 밸런스가 깨질 수도 있기 때문이다. 하지만 능숙한 태핑이 멋있어 보이는 것은 사실이다.

태핑

⑨ 2차 탬핑하기

기둥의 커피가루를 이용하기 위하여 태핑을 한 것이라면 그것을 다져주는 행동, 즉 탬핑을 생략할 수 없다.

⑩ 포터필터 위의 찌꺼기 제거

포터필터 위에 커피가루가 남아있으면 커피가 추출되면서 가루까지 잔에 담아질 수 있기 때문에 손으로 닦아 내는 것이 필요하다. 빠르게, 부드럽게, 능숙하게 하는 찌꺼기 제거 행동은 바리스타의 멋을 한껏 살려주기도 한다.

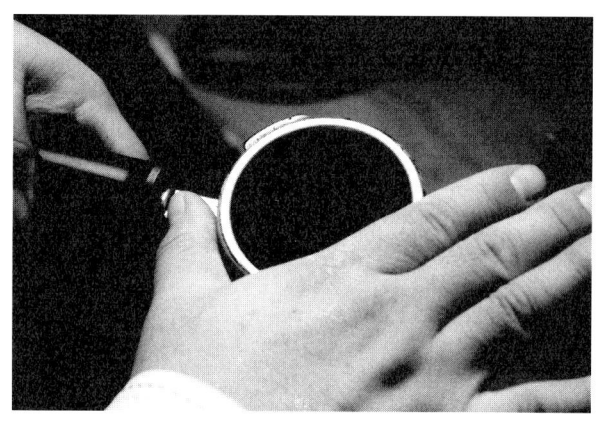

⑪ 물 흘려 보내기

실제로 필자는 이 시점에서 추출버튼을 눌러서 〈물 흘려보내기〉를 하지 않는다.

왜냐하면 이때 〈물 흘려 보내기〉를 하면 그룹헤드를 청소해주고 그룹헤드를 데워주는 효과가 극대화되지만, 그룹헤드에 물이 너무 많이 남아있어 포터필터에 담겨진 커피에 나쁜 영향을 줄 수 있기 때문이다. 그래서 필자는 〈포터필터의 물기를 제거하기〉나 〈커피 갈기〉 정도에서 미리 물을 흘려 보낸다.

⑫ 장착하기

⑬ 추출버튼 작동

포터필터를 그룹헤드에 장착하고는 재빨리 추출버튼을 작동시켜야 한다. 그룹헤드의 열과 물이 포터필터의 커피에 나쁜 영향을 미치기 때문이다.

흔히 2초 안에 추출버튼을 누르면 좋다고 하는데, 그 2초는 미리 데워 놓은 잔을 포터필터의 아래에 놓는 시간을 말하는 것이다. 즉, 재빨리 추출버튼을 눌러서 커피의 향미를 추출하자는 것이지 2초를 기다렸다가 추출하라는 것은 아니다.

(7) 청소하기

① 포터필터 분리하기

커피를 추출하고 난 후에는 즉시 포터필터를 분리하여 청소해주어야 한다. 미세한 커피가루들이 그룹헤드 위로 올라가는 것을 방지하기 위한 것이다.

② 노크박스에 케이크 털어내기

이 때 커피 찌꺼기가 케이크처럼 예쁘고 기분 좋게 잘 나오는 경우도 있지만, 커피 찌꺼기가 뭉개져 나오는 경우도 많다. 특히 에스프레소를 추출하고 난 직후 포터필터를 바로 분리했을 때 그런 경우가 많다. 이것은 포터필터의 물기가 충분히 못 빠져 나와서 그렇다. 물론 커피의 양이 적거나 탬핑이 잘못되었을 경우도 있다.

이런 경우 '추출이 잘못 된 것 아니냐?'라는 질문을 많이 받는데, 그것은 마치 훌륭한 조각상의 그림자가 삐뚤어 보인다고 그 작품을 폄하하려는 것과 같다. 훌륭한 조각 작품은 그림자가 아니라 그 자체로 평가하는 것이 당연하다.

좋은 커피도 그것을 담아내는 그릇이나 그것을 추출해낸 후의 찌꺼기보다는 커피 맛, 그 자체로만 평가하는 것이 바람직하다. 물론 케이크의 모양이 참고사항이 될 수는 있다.

③ 포터필터 닦아내기

먼저 추출버튼을 작동시켜 그룹헤드에 붙어있는 커피 찌꺼기를 닦아낸다. 이후 포터필터를 장착해서 흐르는 물에 포터필터에 붙어있는 커피 찌꺼기를 닦아 낸다.

이때, 포터필터를 완벽하게 닦아내야겠다는 강박관념을 가질 필요는 없다. 왜냐하면 커피 찌꺼기의 탈취 기능이 커피 머신 특유의 철(쇠) 냄새를 잡아 줄 수도 있기 때문이다. 그렇다고 해서 포터필터의 커피 찌꺼기를 방치해두자는 것은 결코 아니다.

추출버튼을 눌러서 물 흘려보내기

포터필터 장착 후 청소하기

④ 다시 그룹헤드에 장착하기

포터필터는 항상 그룹헤드에 장착해두어야 한다.
커피를 담을 포터필터를 그룹헤드의 열로 미리 데워 놓기 위해서다. 이 때, 머신 위의 워머에 포터필터를 두는 곳도 많다. 크게 문제될 것은 없다. 오히려 바 안이 좁아서 포터필터가 바리스타의 몸에 걸리는 경우는 워머 위에 두는 것도 좋다. 물론 처음부터 바 안의 작업공간을 충분히 넓게 만드는 것이 더 좋겠지만.

(8) 에스프레소 맛에 영향을 주는 요인들

- 커피의 굵기

  굵으면 맛이 연해지고 단맛, 산미가 증가한다.
  가늘면 바디감, 쓴맛이 증가한다.

- 커피의 양

  많으면 바디감이 증가한다.
  적으면 산미가 증가한다.

- 추출시간

  짧으면 바디감, 산미, 쓴맛이 증가한다.
  길면 맛이 연해진다.

- 탬핑의 강도

  강하면 바디감, 쓴맛이 증가한다.
  약하면 산미와 연한 맛이 증가한다.

에스프레소 맛에 영향을 주는 요인들을 살펴보았는데, 이 외에도 에스프레소 맛에 영향을 주는 요인은 많다. 또한 위의 영향들이 실제로 적용되지 않는 경우도 많다. 그 이유는 바리스타가 탬핑을 할 때 항상 일정하게 할 수 없다는 점, 커피 자체가 살아있는 생물과 같아서 끊임없이 맛이 변해가고 있다는 점, 테스트하는 사람들의 한계, 로스팅의 정도가 다른 점 등을 들 수 있겠다.

특히 강조하고 싶은 것은 탬핑인데, 탬핑을 하지 않는 경우에도 에스프레소가 맛있게 나오는 것을 많이 보았다. 더욱이 일부러 탬핑을 아주 심하게 한쪽으로 기울여 탬핑한 경우에도 2잔짜리 그룹 양쪽 에스프레소가 동일한 양, 동일한 맛을 내는 경우가 허다하다는 것이다.(이유는 포터필터의 필터를 떼어보면 알 수 있다.) 사진에서 보듯이 커피가 중간으로 모여서 추출되기 때문이다.

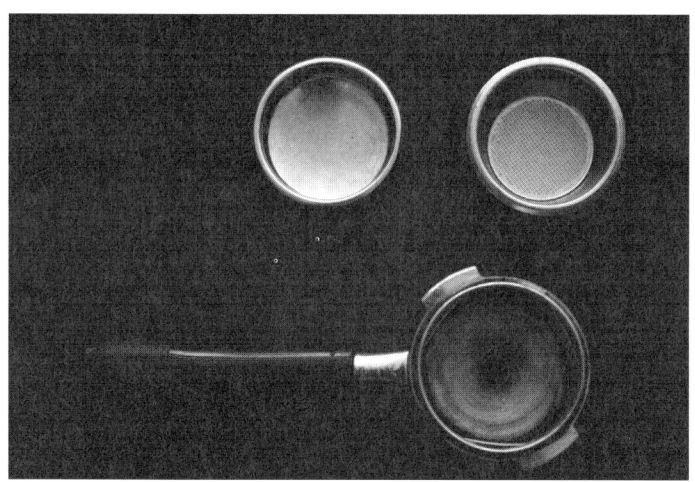

에스프레소를 추출할 때 가장 중요한 요인으로 탬핑, 추출시간, 커피의 양, 굵기도 중요하겠지만 가장 기본적인 문제를 간과해서는 안 된다.

① 물의 문제

커피는 물이 99% 이상이다. 따라서 물의 상태를 점검해야 한다. 적어도 정수기만이라도 자주 갈아 주어야 한다.

② 원두의 문제

좋은 물을 사용하고 있다면 그 다음은 원두의 상태가 중요하다. 바리스타의 기본 자질이기도 하다.

③ 위의 요소들보다 더 중요한 것은 바로 '바리스타 자신'이다. 결국 커피는 사람이 만든다. 좋은 기계, 좋은 물, 좋은 원두를 사용한다 해도 그것을 조화롭게 이루는 것은 바리스타 자신의 몫이다. 바리스타의 주변 환경이 아무리 열악하다 해도 자신의 자부심은 결코 잃지 말자.

2. 우유 거품내기

(1) 3단계법 - 주로 메뉴 1잔 만들 때 적용

① 스팀 다이얼을 돌려 물기 뿜어내기

스팀은 고압의 수증기로 만들어지는 것이므로 물기가 많다. 그래서 스팀을 내기 전에 뿜어내어 물기를 빼주는 것이 좋다.

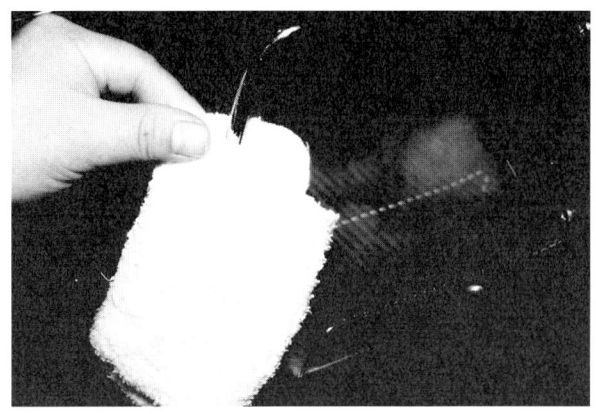

② 1단계

스팀봉을 우유에 깊이 담근 후 스팀 다이얼이나 레버를 작동시킨다.
(우유 온도 4도)

스팀압력은 기계에 따라 다르다. 스팀압이 큰 기계는 스팀봉을 깊이 담궈서 작동시켜야 할 것이고, 스팀압이 적은 머신은 얕게 담궈서 작동시켜야 된다. 따라서 바리스타가 처음 접하는 기계는 스팀봉을 깊이 담근 상태에서 스팀을 시작하는 것이 좋다.

③ 2단계

스팀피처를 내려서 즉, 우유의 수면(유면?)을 얕게 해서 우유 거품내기(우유가 미지근해질 때까지, 약 38도)
스팀노즐에서 스팀이 나오는 지점보다 우유가 조금 더 높게 잠기게 해서 "칙칙"하는 맑은 소리가 나는 지점에 우유의 유면(수면)이 위치하게 한다.

그러면 즉시 우유의 부피가 상승하면서 "칙칙" 소리가 멈추고 온도만 올라가는 "치익 치익"하는 약간은 둔탁한 소리가 난다. 그러면 다시 스팀피처를 내려서 즉, 우유의 유면(수면)을 낮추어서 다시금 맑은 "칙칙" 소리가 나게 한다. 이것을 몇 번 반복하면 우유의 거품이 완성된다.

때때로 바리스타들이 스팀피처를 아래 위로 '왔다 갔다' 하는 경우도 우유거품을 효율적으로 내기 위한 하나의 방법이다. 이때, 각 기계마다 스팀압이 다르기 때문에 딱히 스팀이 나오는 지점 몇 mm 위에서 거품을 내라고 못 박지 못하는 것이 아쉽다.

④ 3단계

우유가 미지근(약 38도)해지면 스팀피처를 살짝 올려서 거품내기를 멈추고 우유의 온도만 올리면서 회전시킨다.

회전력이 좋으면 좋을수록 우유거품이 부드러워지므로 스팀봉을 스팀피쳐의 한 쪽으로 최대한 밀착시켜 회전력이 극대화되도록 많이 연습하는 것이 좋다.

⑤ 우유가 약 70도 전후가 될 때까지 우유의 온도를 올린다.

온도계를 이용할 수도 있지만 손의 감각을 이용해서 온도를 감지하는데 "앗! 뜨거!"까지 가면 약 70도 전후가 된다. 초보자들은 이 부분의 비과학적인 면에서 경악할 수도 있지만 많은 바리스타들이 이 방법을 사용하고 있다는 것을 알면, 선배 바리스타의 감각에 감탄하겠지만 비교적 쉽게 숙달되는 방법이다.

⑥ 스팀을 끄고 스팀피처를 빼낸다.

스팀을 잠그지 않고 피처를 빼내면 뜨거운 우유가 튄다. 쓸데없는 것까지 챙긴다고 생각할 수도 있지만, 쓸데없는 것 때문에 초보 바리스타들은 약간의 화상을 경험한다. 물론 화상 전문병원까지 가는 일은 없었다. 현재까지는….

⑦ 스팀을 다시 작동시켜서 스팀봉 내부의 우유를 제거하고 젖은 행주로 스팀노즐에 붙어있는 우유를 닦아 낸다.

젖은 행주로 스팀노즐 외부를 먼저 닦아내는 것이 아니다. 먼저 스팀을 작동시켜 스팀노즐 내부의 우유를 먼저 제거해야 한다. 노즐 외부는 쉽게 닦아 낼 수 있지만 노즐 안 쪽의 우유는 제거하기가 어렵다. 물론 사람들은 보이는 우유 찌꺼기만 걱정하지만 고객을 진정으로 생각한다면 바리스타는 안 보이는 우유 찌꺼기를 먼저 봐야 한다.

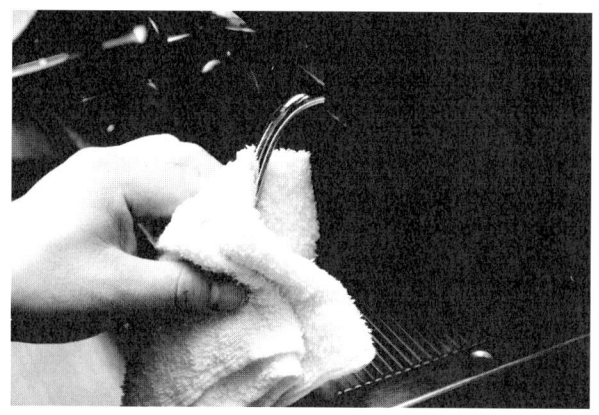

(2) 2단계법 - 2잔 이상 거품만들 때 적당

① 스팀을 작동시켜 물기 뿜어내기

② 스팀봉을 우유에 깊이 담근 후 스팀레버나 다이얼을 작동시킨다.(우유 온도 4도)

③ 1단계

스팀피처를 내려서 우유 거품을 내는 동시에 우유를 최대로 회전시키기 위하여 스팀봉을 스팀피처 한 쪽에 밀착시켜 부드러운 우유 거품을 만드는 동시에 거품을 생성시킨다. 즉, 위의 3단계법 중 1, 2단계가 동시에 일어나게 한다.

④ 2단계

계속 우유를 회전시키면서 우유 온도가 약 70도 전, 후가 될 때까지 온도를 올려준다. 숙달되면 우유거품의 양을 보면서 2단계에서도 우유거품을 더 낼 것인지 우유 거품을 덜 내고 회전시키면서 온도만 높일 것인지 가늠할 수 있다.

⑤ 스팀을 끄고 스팀피처를 빼낸다.

⑥ 스팀을 다시 작동시켜서 스팀봉 내부의 우유를 제거하고 젖은 행주로 우유를 닦아 낸다.

위의 거품내기는 숙달된 바리스타에게 원리와 느낌을 전수받아야 하는 어려운 기술이다. 또한 이것은 Latte Art를 위한 거품내기이기도 하다. 혹자는 물어 볼 것이다. '꼭 라떼아트를 해야 하는가'라고 .

물론 일반적인 우유거품(Traditional 혹은 X거품이라 불리는)도 훌륭한 우유거품이다. 하지만 여기서는 언급하지 않겠다.

3. 메뉴 만들기

(1) Caffe Espresso / 에스프레소 : 에스프레소 싱글샷
- 에스프레소와 리스트레또 룽고는 구별하여야 한다.
- Ristretto(리스트레또) : 약 15~25초로 짧게 추출하여 에스프레소보다 진하게 추출한다.
  약 20~25ml

- 에스프레소 : 약 20초에서 30초 사이에 약 1oz(=약 30ml)를 추출한 것.
- Lungo(룽고) : 30초 이상 추출하여 에스프레소보다 연하게 추출한 것. 40~50ml, 홍콩 등지에서는 Americano로 먹는다.

(2) Caffe Espresso Doppio / 에스프레소 도피오
에스프레소 더블샷. ristretto, lungo의 더블도 있다.

(3) Caffe Espresso Macchiato / 에스프레소 마끼아또
에스프레소에 약간의 우유나 우유거품을 첨가. ristretto나 lungo로도 만들 수 있다.

에스프레소를 먼저 추출

우우거품을 올린다.

완성

(4) Caffe Espresso Con Panna / 에스프레소 꼰파냐

에스프레소에 약간의 휘핑크림을 첨가. ristretto나 lungo로도 만들 수 있다.

에스프레소를 추출한다.

휘핑크림을 올린다.

완성

Chapter 7 기술편 | 93

(5) Caffe Americano / 카페 아메리카노

Espresso나 ristretto 혹은 lungo를 베이스로 물을 첨가한 메뉴.

컵에 물을 채운다.

에스프레소를 붓는다.

완성

Americano 맛에 영향을 주는 요소

- Ristretto 자체는 espresso나 lungo보다 진하지만 리스트레또로 아메리카노를 만들면 맛이 담백하고 단맛이 나고 부드럽다. 이에 비하여 Espresso나 lungo로 만들면 맛이 강해지고 뒷맛이 많이 남는다. 홍콩 등지에서는 룽고 자체를 아메리카노로 마시기도 한다.

- 물을 넣는 순서 : 물을 먼저 넣고 espresso나 ristretto나 lungo를 붓는 것이 좋다. crema를 보호하기 위해서다. 에스프레소나 리스트레또 혹은 룽고를 먼저 붓고 물을 채우면 크레마가 쉽게 깨져버려 풍부한 맛이 덜 날 수도 있다.

- 물의 온도 : 에스프레소 머신의 물은 보통 90~95도 정도다. 이 물을 그대로 사용하면 너무 뜨거워서 커피맛을 제대로 볼 수 없는 경우가 많다. 우리나라 음식문화가 뜨거운 것을 즐기는 편이라 한 겨울에는 더 뜨겁게 달라는 분들이 많다. 그래도 80도 정도 되는 정수기 물을 사용하든지, 기계의 물을 사용할 때는 얼음 한 두 조각 정도를 넣어서 커피 맛을 보기에 좋은 70도~80도 사이로 물의 온도를 낮추는 것이 좋다.

- 커피와 물의 비율 : 제일 어려운 부분이다. 고객의 취향이 다르고 바리스타에 따라 다르다. 분명한 것은 아메리카노는 연한 커피를 즐기기 위해서 먹는 것인데 '연하다'는 말은 다분히 상대적인 의미다. 개인적으로는 커피와 물을 따로 주는 shop이 가장 현명하다고 생각한다. 필자의 가게는 따로 서빙하지 않고 있다. 확실히 현명해지기는 커피를 잘 만드는 것보다 어렵다.

(6) Ice Americano

얼음과 물을 넣은 잔에 추출한 에스프레소나, lungo나 ristretto를 부어서 만든다.

① 얼음 채우기

② 찬물 붓기

③

④ 되도록이면 얼음 위에
  에스프레소붓기

  필자의 가게에서는 아이스 메뉴는 거의 두 잔의 리스트레또나 에스프레소를 넣는다. 뜨거운 메뉴에나 차가운 메뉴에나 룽고는 좀체 사용하지 않는다.

(7) Caffe Cappuccino / 카페 카푸치노

Espresso나 ristretto 혹은 lungo를 베이스로 우유와 우유거품을 첨가한 메뉴.

3

4

5

(8) Ice Cappuccino

얼음, 우유, 차가운 우유거품에 Espresso나 ristretto 혹은 lungo를 붓는다.

① 우유 붓기

② 얼음 넣기

③ 우유 채우기

④ 에스프레소 붓기

⑤ 완성

아이스 카푸치노 만드는 방법들

- 뜨거운 스팀을 이용하는 방법

  얼음, 찬 우유, 커피를 넣은 후 스팀한 우유 거품을 스푼 등으로 떠서 넣어 만든다.

  장점 : 비교적 고운 거품을 낼 수 있다.

  단점 : 커피가 뜨거울 수 있다.

- 쉐이커나 틴을 이용하는 방법

  얼음, 우유, 커피 등을 쉐이커나 틴에 넣고 흔들어서 잔에 붓는다.

  장점 : 차가운 거품을 만들 수 있다.

  단점 : 고운 거품을 만들기 어렵다.

- 플런저를 이용하는 방법

  차나 커피를 우려내는 프레스(커피메이커) 형태의 기구에 차가운 우유를 넣고 피스톤 운동을 하여 우유 거품을 미리 만들어 놓는다. 얼음과 우유, 커피를 넣은 후 미리 만들어 놓은 우유 거품을 부어서 완성한다.

  장점 : 적당한 기구와 찬 우유 등을 적절히 이용하면 차갑고 부드러운 우유 거품을 만들 수 있다.

  단점 : 사용법이 번거롭다.

① 플런저

② 거품내기

- 휘핑기를 사용하는 방법

휘핑기에 우유를 넣고 가스를 넣어서 휘핑하면 고운 카푸치노 거품이 만들어지는데, 대량으로 손쉽게 만들기에는 좋으나 쉽게 거품이 사라진다. 표현하자면 눈 녹듯이 거품이 없어지는 단점이 있다. 엄청나게 바쁜 매장에서는 가능한 방법이다.

(9) Caffe Latte / 카페라떼

Espresso나 ristretto 혹은 lungo 베이스에 우유와 얇은 우유거품을 첨가

1

2

3

4

5

(10) Ice Caffe Latte

얼음, 우유에 에스프레소를 붓는다.

아이스 카페라떼는 가게의 커피 신선도를 알기에 적당한 메뉴다. 커피가 신선하지 않으면 커피의 쓴 맛이 많이 난다. 커피가 신선하면 우유와 커피가 절묘하게 어울린 맛을 볼 수 있다. 즉, 바리스타의 관리 능력을 볼 수 있는 메뉴다.

① 얼음을 채운다

② 우유를 붓는다.

③

④ 되도록이면 얼음 위에 에스프레소를 붓는다.

⑤ 완성

(11) Caffe Caramel Macchiato / 카페 카라멜마끼아또

카라멜 시럽과 소스를 미리 잔에 넣어둔다. 우유 거품을 내서 잔에 넣는다. 이후에 에스프레소를 추출하여 살며시 우유 거품 위에 점을 찍듯이 붓는다. 기호에 따라 카라멜소스 등으로 꾸민다.

① 소스와 시럽 붓기

② 스팀 우유 붓기

③ 바스푼으로 젓기

④ 에스프레소를 조심스럽게
 붓는다.

⑤ 우유 거품, 우유, 커피의
 비중차이로 층이 생긴다.

⑥ 카라멜로 장식하기

⑦ 그림 그리기

⑧ 완성

(12) Ice Caffe Caramel Macchiato

카라멜 시럽(소스)을 넣은 잔에 우유를 넣고 저은 다음 얼음, 차가운 우유 거품을 넣고 에스프레소를 붓는다. 그 위에 기호에 따라 카라멜소스 등으로 꾸민다.

① 시럽(소스) 넣기

② 찬우유 넣기

③ 바 스푼으로 섞기

④ 얼음 넣기

⑤ 찬우유 붓기

⑥ 에스프레소 붓기

⑦ 꾸미기

⑧ 완성

Chapter 7 기술편 | 115

(13) Caffe Mocha / 카페 모카

카페라떼에 쵸코가 첨가된 메뉴. 생크림을 올려 먹기도 함. 단, 휘핑크림이나 생크림은 선택사항일 뿐이다.

① 초코소스 넣기

② 에스프레소 붓기

③ 스팀 우유 붓기

④ 휘핑크림 올리기

⑤ 초코소스 뿌리기

⑥ 완성

휘핑 크림이 있는 카페 모카

① 초코소스 넣기

② 에스프레소 붓고 섞기

③ 스팀우유 붓기

④ 완성

크림 없는 카페 모카

(14) Ice Caffe Mocha

얼음, 우유, 쵸코소스를 섞은 뒤, 에스프레소를 붓는다.

① 초코소스 넣기

② 우유 붓기

③ 바스푼으로 섞기

④ 얼음 채우기

⑤ 우유 채우기

⑥ 에스프레소 붓기

⑦ 초코소스 뿌리기

⑧ 완성

(15) Caffe Irish / 카페 아이리쉬

아일랜드산 위스키와 고급 커피가 어울린 메뉴. 아일랜드의 수도인 더블린은 위도가 높아서 겨울에 특히 춥다. 그래서 바리스타들이 커피에 위스키를 섞어서 팔았던 것에서 유래가 되었다.

만약 한국에서 커피에 술을 타 마시기 시작했다면 소주를 넣었을 것이지만, 아일랜드에서 술을 섞었기 때문에 아이리쉬커피가 되었던 것이다. 또한 아이리쉬 위스키가 소주보다 향이 좋기는 하다.

(16) Caffe Snow / 카페 스노우

커피와 시럽, 얼음 등을 함께 갈아 만든 메뉴. 커피에 얼음을 넣고 취향에 따라서 카라멜, 초코, 화이트 초코 등의 시럽이나 소스를 첨가한다. 또한 여기에 우유를 적당량 첨가하면 내용물들이 더 잘 갈리고 맛도 훨씬 부드러워진다.

스노우 메뉴를 만들 때, 우선 블랜더(믹서기)가 중요하다. 모터의 힘과 블랜더 믹서의 칼날이 튼튼한 것을 사용하여야 재료들이 충분히 잘 섞여서 부드러우면서도 걸쭉한 스노우 메뉴가 만들어진다. 이때, 우유나 시럽의 양이 많으면 물같이 만들어지며, 상대적으로 얼음의 양이 많으면 걸쭉한 느낌이 없이 거친 음료가 만들어진다.

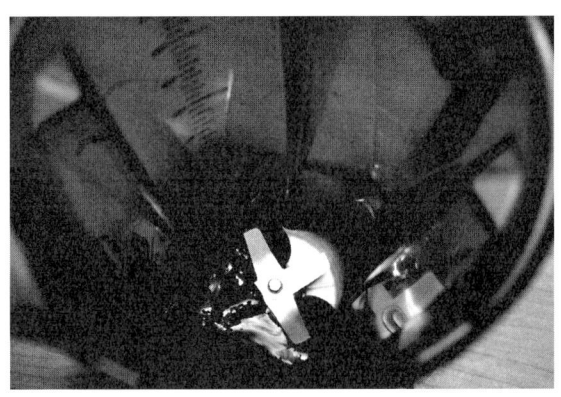

① 블랜더에 소스 넣기

② 얼음 넣기

③ 에스프레소 붓기

④ 우유 넣기

⑤ 작동

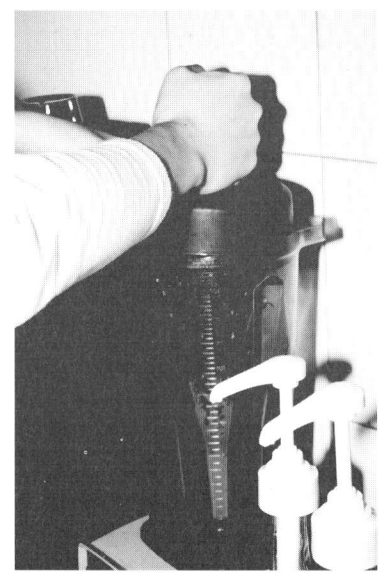

⑥ 잔에 넣기

⑦ 휘핑크림 올리기

Chapter 7 기술편

⑧ 소스 뿌리기

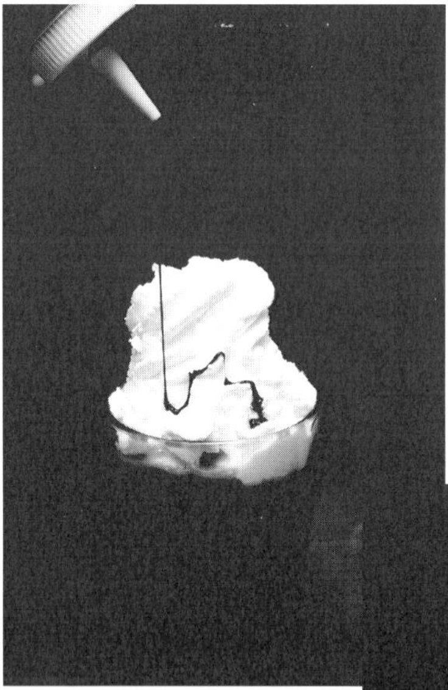

⑨ 완성

(17) Dutch Coffee / 더치커피

12시간 이상 찬물로 추출하여 커피의 깊은 향미를 살린 메뉴.

차갑게 먹을 때 맛이 있으며, 뜨겁게 먹을 수도 있다. 찬 물로 추출하기 때문에 카페인이 없다고들 말하지만, 결코 아니다. 카페인이 적은 것은 사실이다.

더치식 추출 기구

(18) Caffe Affogato / 카페 아포가토

아이스크림이나 얼음 등에 커피를 뿌려 먹는 메뉴. 보통 아포가토는 아이스크림 위에 에스프레소를 부어서 먹는 메뉴로 되어 있다. 하지만 꼭 아이스크림에만 부어서 먹을 필요는 없다. 즉, 얼음(일명 스노우 메뉴) 위에 에스프레소를 부어서 먹기도 한다. 또한 꼭 에스프레소만 부어야 한다는 법도 없다. 때로는 더치식 커피나 홍차를 우려서 부어 먹기도 한다.

(19) Royal Milk Tea / 로얄 밀크티=밀크티

밀크티는 홍차라떼, 차이, 차이라떼 등으로 불리기도 한다.
다양한 이름만큼이나 만드는 방법 또한 다양하다.

① 인스턴트식 : 반제품 형태로 만들어져 나온(주로 가루 형태) 것을 우유에 녹여서 만든다.
② 영국식 : 진하게 우린 홍차에 생우유를 부어서 만든다.
③ 대한민국식 : 진하게 홍차를 우리고 스팀 우유를 넣는다.
④ 인도식 : 인도식 밀크티는 끓여서 만든다. 그래서 특별히 로얄 밀크 티라고도 불린다.
- 약 6g의 차(아쌈이나 실론같이 비교적 진한 홍차가 적당)와 물 약 120cc를 밀크팬 등에 넣고 약한 불에 끓인다.
- 물이 끓으면 우유 약 100cc를 넣고 다시 끓인다.
- 우유와 차가 끓기 시작하면(약 70도-밀크팬의 끝 쪽이 끓어오기 시작할 때) 찻잎은 걸러내고 밀크티를 완성한다.

(20) Lemon-aid

인스턴트 제품을 사용하지 말고 생레몬과 탄산수만을 이용한다. 레몬즙을 짜서 얼음+탄산수에 붓기만 하면 맛있고 건강한 음료가 만들어진다.

① 레몬즙 짜기

② 얼음에 탄산수 붓기

③ 준비한 레몬즙 넣기

④ 레몬 슬라이스로 장식하기

(21) 총론

위에서는 메뉴를 만드는 정확한 recipe를 제시한 것이 아니다. 다만 메뉴를 만드는 다양한 방법들과 그것들의 장·단점을 기술하고자 하였다. 그렇다면 메뉴를 만드는 정확한 레시피를 제시하지 못하는 이유를 살펴보자.

① Ristretto, Espresso의 문제

Lungo는 잘 사용하지 않으므로 제외시킨다.
같은 메뉴를 만들더라도 리스트레또, 혹은 에스프레소에 따라 맛이 달라진다. Americano를 예를 들면 리스트레또는 맛이 깔끔해지고 에스프레소는 맛이 풍부해진다. 따라서 마시는 사람의 취향에 맞게 만들면 된다. 또한 리스트레또 2잔을 넣으면 맛이 더욱 달라진다.

② 시럽, 소스의 양을 언급하지 않은 이유

시럽이나 소스도 결국은 취향의 문제다. 거기에 잔의 크기, 베이스로 사용하는 커피의 양, 로스팅 정도에 따라서 그 양이 달라야 한다.

③ 뜨거운 메뉴와 차가운 메뉴의 차이

같은 크기의 잔에 같은 메뉴를 하나는 Hot으로, 다른 것은 Ice로 만든다고 하자. 과연 커피와 시럽의 양을 얼마나 넣을 것인가? 우선 잔의 크기가 같으므로 같은 양으로 메뉴를 만들 수 있을 것이다. 그러나 아이스 메뉴는 얼음이 들어간다. 얼음은 그냥 비어 있는 공간이므로 실제로는 뜨거운 메뉴에 더 많은 양의 재료를 넣어야 한다.
하지만 또 온도가 문제다. 뜨거운 것은 물질의 운동을 활발하게 하기 때문에 맛이 더 잘 드러난다. 그러므로 뜨거운 메뉴에는 차가운 메뉴보다 더 적은 양의 재료를 넣어도 맛이 난다. 아이스 메뉴에서는 얼음의 양도 문제가 된다. 얼음을 얼마나 넣는가에 따라 부재료의 양이 달라지기 때문이다.

④ 결론

체인점이 아니라면 매장에서 만드는 메뉴가 똑같을 필요는 없다. 그것이 바로 개인샵의 장점 중 하나다. 세계 어느 곳에서나 같은 맛의 커피를 만들어야 한다는 강박증을 벗고 자유롭게 생각하자. 그래서 필자의 샵에서는 바리스타들마다 고유의 방법과 스타일이 있고 그것을 장려한다. 심지어 커플 손님이 같은 메뉴 2개를 주문했을 때도 다르게 만들 것을 바리스타들에게 요구한다. 다양성은 체인점이 가지지 못하는 가장 큰 장점이기 때문이다.

4. 카푸치노와 카페라떼의 차이점

① 결론적으로 카푸치노와 카페라떼는 각자의 shop에 맞게 만들면 된다.

② 호주, 뉴질랜드 등지에서는
  - 카푸치노 : 우유 거품이 2cm이상인
  - 카페라떼 : 우유 거품이 1cm 정도인 음료
  - 화이트 플랫 : 우유 거품이 완전히 없거나 조금만 있는 음료로 나누어져 있다.

③ 2000년 이전 한국에서는
  - 카푸치노 : 우유 거품을 가득 올리고 시나몬(조미된 계피가루)을 올린 것.

- 카페라떼 : 우유 거품이 거의 없도록 만들어진 음료. 호주식 화이트 플랫

④ 2003년에 들어온 외국의 한 프랜차이즈회사는 카푸치노와 카페라떼를 똑같이 만들기도 하였다.

위와 같이 카푸치노와 카페라떼의 경계가 모호해진 이유는 바로〈라떼아트〉때문이라고 볼 수 있다. 라떼아트는 우유를 사용하는 음료에 여러 가지 무늬를 넣어서 음료를 예쁘게 꾸미는 것이다. 따라서 카페라떼나 카푸치노 심지어 커피가 들어가지 않는 핫초코 등에도 라떼아트는 가능하다. 즉, 많은 바리스타들이 자신의 실력을 뽐내기 위하여 화려한 라떼아트를 커피에 그리는 와중에 카푸치노와 카페라떼의 경계가 모호해지는 것이다.

카푸치노와 카페라떼의 차이는 분명히 우유 거품의 두께 차이에 있다. 카푸치노는 거품이 많아야 하며 카페라떼는 거품의 두께가 카푸치노보다 적어야 한다. 실제로 바리스타마다(영업장마다) 카푸치노와 카페라떼는 다른 모양을 가진다.

① 우유 거품 양의 차이로만 카푸치노와 카페라떼를 구별하는 곳.
   즉, 카푸치노는 거품을 많이(약 2cm이상) 넣고 카페라떼는 거품을 적게(약 1cm 정도) 넣는다.

② 카푸치노는 에스프레소를 더블로 넣고 카페라떼에는 에스프레소를 싱글로 넣어 만드는 곳.
   즉, 우유거품이 많은 카푸치노는 커피 맛이 카페라떼보다 진하다. 그래서 아예 처음부터 카푸치노에 에스프레소를 많이 넣어 진하게 만

든다.

③ 카푸치노는 작은 잔, 카페라떼는 큰 잔에 만들어서 자연스럽게 우유 거품의 양이 조정되도록 하는 곳.

즉, 우유 거품이 많은 카푸치노는 작은 잔에 만들어 같은 거품을 만들어 부어도 카푸치노가 거품이 두꺼워지도록 한다.

왼쪽부터 카페 라떼잔, 카푸치노잔, 에스프레소잔

반면 같은 양의 우유거품을 큰 잔(카페라떼잔)에 부으면 우유 거품이 적은 카페라떼가 만들어진다. 또한 자연스럽게 작은 잔의 카푸치노가 큰 잔의 카페라떼보다는 커피 맛이 더욱 진해진다.

※ 시나몬과 커피

우유 거품 위에 시나몬을 뿌리면 카푸치노고, 시나몬을 뿌리지 않으면 카페라떼인 시절이 있었다. 물론 카푸치노든 카페라떼든 위에 시나몬(계피)을 뿌려서 메뉴를 만들어 먹는 것은 자유다. 그러나 커피

메뉴에 시나몬을 더하면 계피향이 너무 강하여 커피맛을 잠식해 버린다. 그래서 되도록 시나몬을 첨가하지 않는 것이 좋다.

5. 기계 관리법

에스프레소 머신은 자동차와 비슷하다. 되도록 한 사람만 작동하는 것이 좋으며, 때에 맞게 관리를 잘 해주어야 오랫동안 좋은 품질의 커피를 만들어 낼 수 있다. 그럼 에스프레소 머신의 관리법을 시간별로 알아보자.

(1) 메뉴를 만든 직후

■ 찌꺼기 제거

커피 찌꺼기를 재빨리 버린 후 머신의 물로 씻어낸다. 이 때 포터필터를 완벽하게 닦아내야 한다는 강박관념을 가질 필요는 없다.

커피머신을 구성하고 있는 철 특유의 나쁜 향을 커피 찌꺼기가 제거하는 효과가 있기 때문이다. 그럼에도 불구하고 필터에 담겨있는 커피 찌꺼기는 재빨리 제거시켜야 한다. 빨리 제거하지 않으면 찌꺼기로 인하여 그룹헤드가 막혀 버릴 수도 있기 때문이다.

① 포토필터 분리

②

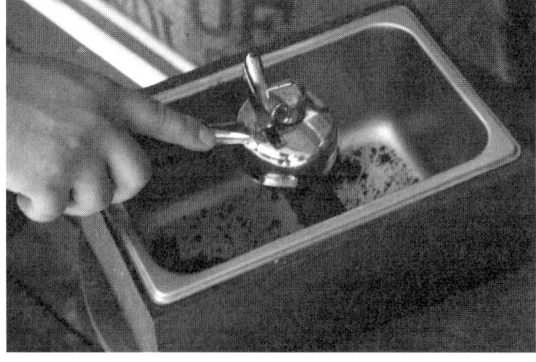

③ 케이크 털어내기

④ 케이크의 모양

⑤ 물 흘려 보내기

⑥ 포터필터 장착하기

⑦ 포터필터를 움직이면서 청소하기

■ 스팀 노즐

스팀 노즐은 우유가 닿는 부분이다.

이 부분은 한여름이 아니더라도 깨끗하게 하지 않으면 메뉴의 맛과 고객의 건강에 좋지 않은 영향을 미치게 한다. 그러므로 메뉴를 만들고 난 후에는 우유가 묻어있지 않도록 물로 적신 행주로 깨끗하게 닦아 내야 한다.

(2) 하루 일과 후

■ Back-flushing

포터필터에 Blind Filter(막힌 필터)를 끼워서 Back-flushing한다. back-flushing은 물로 그룹헤드 부분을 씻어 주는 것이다. 실제로 일과 중에 커피 찌꺼기를 제때에 버렸다 해도, 일과 후에 백플러싱을 하면 찌꺼기가 생각보다 많이 나오는 것을 볼 수 있다.

■ Steam Nozzle

하루 일과가 끝나면 스팀 노즐을 뜨거운 물에 담궈 놓는 것이 좋다.

■ Porter-filter

포터필터를 분해한 후 뜨거운 물에 담구어 둔다. 필요하다면 에스프레소 전용 청소가루나 액을 같이 넣어 두어도 좋다.

(3) 일과 시작 전

■ Porter Filter

분해해서 뜨거운 물에 담궈 둔 porter filter를 수세미 등으로 깨끗이 닦아낸 후, 합체하고 신선한 커피를 담아서 추출해서 버리는 것으

로 일과를 시작하는 것이 좋다. 왜냐하면

첫째, 전날 영업중에 그라인더 안에 갈려진 원두나 갈리다만 원두를 버리는 효과가 있다.

두째, 밤새도록 물에 담궈 둔 포터필터를 신선한 커피로 청소해 주는 효과가 있다.

셋째, 만약 에스프레소 머신이 2 그룹이라면 두 군데 모두 청소해 주어야 하는데, 첫번째 청소하는 그룹은 거의 크레마도 없는 좋지 않은 커피가 추출될 것이다. 두번째 그룹에서는 정상의 에스프레소가 추출될 것인데 이 때, 커피 추출 상태를 보면서 그라인더 굵기 조절 등 영업 전의 setting을 체크 및 조절할 수 있다.

- 스팀 노즐

뜨거운 물에 담궈 둔 채로 스팀을 작동시켜 노즐을 청소, 깨끗한 행주로 씻어낸 후 일과를 시작한다.

(4) 일주일 단위

- 약품 청소

에스프레소 전용 청소가루를 Blank Filter에 티스푼 1개 정도 넣고 Back-flushing 한다. Back-flushing을 약10회 정도 반복하면 그룹헤드가 깨끗해진다.

약품 청소 후에는 약품 없이 Back-flushing을 또 10여차례 해준다. 사실 약품청소만이라도 철저히 하면 에스프레소 머신은 고장 없이 오랜기간 사용가능하다.

따라서 머신을 많이 사용하는 매장에서는 2~3일에 한번 혹은 하루에 한 번 정도는 꼭 약품 청소를 해주어야 하고, 기계의 사용 빈도가 적은 매장이라도 일주일에 한 번 이상은 반드시 약품 청소를 해줄 것을 권장한다.

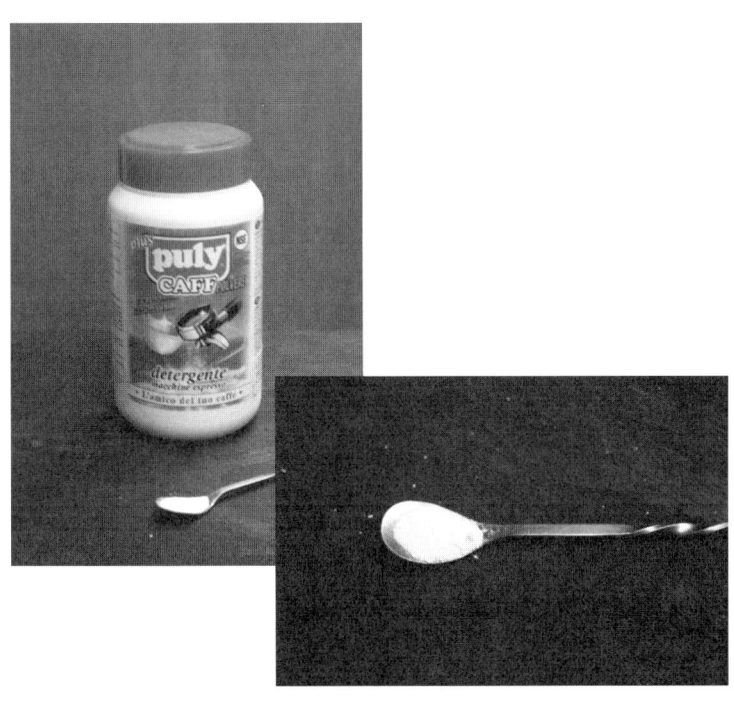

■ 포터필터

포터필터를 완전히 분해한 후 닦아낸다. 이때 포터필터를 하루 전 마감시 미리 에스프레소 전용 약품에 담궈 두었다가 아침에 수세미로 닦아내면 깨끗하게 닦아낼 수 있다.

- 그룹헤드

    그룹헤드 부분을 분해해서 솔로 닦아낸다.

    그룹헤드 분해 청소는 너무 자주 하지 않아도 된다. 매장의 형편에 맞게 1개월~6개월에 한 번 정도 해주는 것이 바람직하다.

(5) 그라인더 청소

흔히 좋은 에스프레소머신을 구입하면서 그라인더의 품질을 고려하지 않는 경우가 많다. 하지만 그라인더는 커피 맛에 상당히 많은 영형을 주는 요소다. 따라서 에스프레소 머신의 품질뿐만 아니라 그라인더도 신중히 선택해야 한다. 또한 그라인더의 품질을 유지하기 위해서는 그라인더의 cleaning도 중요하다.

호퍼

그라인더의 호퍼는 분리가 가능한 것이 많다. 자주 분리하여 커피 기름때를 닦아주어야 한다. 그리고 각 shop의 형편을 고려하여 6개월~1년에 1번 정도는 분해해서 칼날을 청소해 주어야 한다. 칼날을 청소해 줄 때는 식용그리스를 발라주는 것도 괜찮다. 또한 약 1,000kg 이상 사용하면 새날로 교체해주어야 한다.

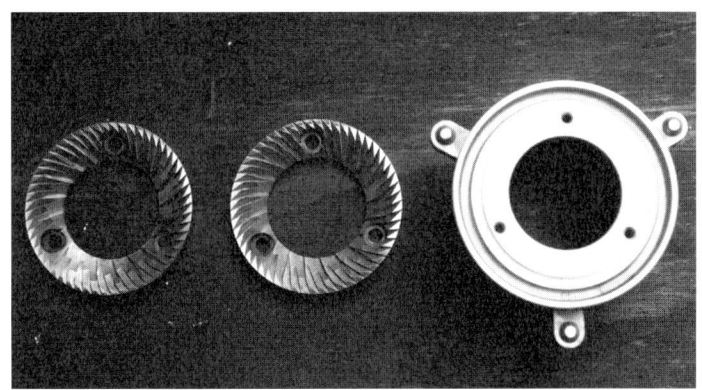

에스프레소용 그라인더 날

Latte Art

1. 라떼아트 입문

(1) 라떼아트의 중요성

라 라떼아트는 커피 맛의 충분조건은 절대 아니지만 두 가지 측면에서 매우 중요한 기술이다.

① 소비자적인 측면

우리나라 소비자들은 예쁜 것을 좋아한다. 예를 들어서 휘핑크림을 너무 많이 넣어서 잔에서 넘쳐나는 경우, 타 문화권 소비자들은 양을 많이 준 것으로 생각하면서 좋아할 수도 있지만, 우리나라 소비자들은 지저분하다고 생각해 불쾌해 하는 경우가 많다.

이와 같이 대한민국 소비자들은 예쁘고 귀엽고 깨끗한 것을 좋아한다. 과장된 표현이긴 하지만 사랑스런 하트나 우아한 나뭇잎이 커피잔에 있으면 설사 커피 맛이 다소 떨어져도 맛있게 느끼는 경우도 있다. 물론 이것은 문화의 차이일 뿐이지 문화의 옳고 그름을 말하는 것은 결코 아니다.

② 생산자(Barista)적인 측면

우리나라 사람들의 손재주는 매우 우수하다. 아마 젓가락 문화의 영향일 것이다. 물론 Latte Art는 바리스타들이 오랫동안 연습을 하여야 하는 까다로운 기술('고급 기술'이라는 표현 대신 '까다롭다'는 표현을 꼭 사용하고 싶다.)인 것은 사실이다. 꽤 까다로운 기술인 Latte Art가 도입된 이후 불과 몇 년만에 대중화되다시피한 곳은 아마 우리나라가 유일할 것이다. 태생적 우수성과 바리스타들의 노력이 빚은 합작품으로, 커피가 대중화되는 것에 지대한 공헌을 하였다.

(2) 라떼아트의 의미

라떼는 우유라는 의미의 이탈리어 어다. 아트는 물론 예술을 뜻한다. 즉, 라떼아트는 우유(정확히는 우유 거품)를 이용하여 메뉴를 멋지게 꾸미는 것을 말한다. 따라서 카푸치노, 카페라떼, 핫초코 등 우유를 이용한 메뉴는 라떼아트가 모두 가능하다.

간혹 라떼아트가 '카페라떼'(카페는 이탈리아어로 '커피'라는 뜻. 라떼는 이탈리아어로 '우유'라는 뜻이다. 그런데 우리나라에서는 '카페라떼'를 줄여서 '라떼'라고 부른다. 하지만 이탈리아에서는 '라떼'를 주문하면 당연히 '생우유'가 서빙된다.)를 마셔야만 볼 수 있는 것으로 생각한다면 그것은 잘못된 것이다. 라떼는 우유라는 뜻일 뿐이다.

(3) 라떼아트의 종류

① 그리기

손목이나 팔 등의 스냅이나 반동을 이용하여 그리는 것.

② 페인팅

크레마나 우유 거품 위에 붓이나, 송곳 등의 도구를 이용하여 케릭터나 기타 문양을 그리는 것

나비

단풍잎

거미줄

회오리

③ Ice-Latte Art

차가운 거품을 내어서 Art 하는 것.

2. 기술편

(1) 그리기

- 하트 만들기

① 스팀피처의 우유와 우유 거품이 쉽게 분리되지 않도록 계속 흔들어 준다.

② 에스프레소가 담긴 잔을 한 손으로 잡고 살짝 기울여 준다.
- 우유 거품이 충분히 부드럽게 만들어졌다면 우유를 적당한 양으로 부어 주기만 해도 하트모양이나 예쁜 동심원이 나타난다.

- 우유를 붓는 양은 우유 거품과 우유가 적당히 섞여서 주입되도록 유지하는 연습을 하는 것이 좋다.

③ 우유를 부으면 처음에는 크레마 밑으로 우유가 들어간다.
만약 이 때 우유 거품이 크레마 위로 떠오르면 약간 높은 위치로 스팀피처를 올려 잔 위의 흰 거품을 부어지는 우유의 힘으로 크레마 밑으로 밀어 넣는 안정화 작업을 한다.

3

4

④ 잔의 약 3분의 2정도로 우유가 부어지면 하얀 우유 거품이 서서히 떠오르면서 모양이 생기기 시작한다.

⑤ 이 때, 처음에 기울여 잡았던 잔을 서서히 눕히면 잔이 우유로 꽉 차기 시작한다. 이때부터 스팀피쳐를 약 1~2cm 앞으로 천천히 전진시키면 하트의 꼭지 모양이 만들어진다.

5

⑥ 마지막으로 잔을 완전히 눕히면서 스팀피쳐를 재빠르면서도 가늘게 앞으로 뻗치면서 죽 그으면 하트의 마지막 부분 즉, 하트의 꼬리까지도 완성된다.

6

완성

- 나뭇잎 만들기

스팀피처의 우유와 우유 거품이 쉽게 분리되지 않도록 계속 흔들어 준다.

① 에스프레소가 담긴 잔을 한 손으로 잡고 살짝 기울여 준다.

② 만약 이 때 우유가 크레마 위로 떠오르려면 약간 높은 위치로 스팀 피처를 올려 잔 위의 흰 거품을 부어지는 우유의 힘으로 크레마 밑으로 밀어 넣는 안정화 작업을 한다.

③ 잔의 약 3분의 2정도로 우유가 부어지면 하얀 우유 거품이 서서히 떠오르면서 모양이 생기기 시작한다.
위까지는 하트를 만들 때와 거의 비슷하다.

④ 이후 스팀피처를 손목의 반동을 이용하여 흔들어 주면서 뒤로 뺀다.

⑤ 이 때 앞으로 전진하면 하트가 되고, 뒤쪽(몸쪽으로)으로 빼면서 흔들어주면 크레마와 우유 거품이 차례대로 나오면서 나뭇잎 모양이 나온다.

⑥ 그리고 역시 마지막으로 스팀피처를 가늘게 위로 쭉 빼면, 나뭇잎의 가지 모양이 나온다.

완성

(2) 페인팅

■ 거미줄 그리기
- 잔 전체나 중간에 하얀 우유 거품으로 담기게 한다.
- 초코소스나 카라멜소스를 라떼아트 페인팅 전용 병에 담아서 가늘게 나오도록 동심원을 2~4개 정도를 그려준다.
- 송곳같이 날카로운 도구를 사용하여 중앙에서 바깥쪽으로 뻗치면서 그어준다.
- 동심원의 한가운데를 중심으로 하여 되도록 대칭이 되게 선을 그어준 다음, 바깥쪽에서 안쪽으로 같은 숫자의 선을 중간 중간에 그어준다.

■ 회오리 그리기
- 잔 전체나 중앙에 하얀 우유 거품으로 담기게 한다.
- 잔의 중앙을 중심으로 초코소스나 카라멜 소스를 두 줄, 세 줄씩 십자가 모양으로 그려준다.

- 날카로운 송곳 등을 이용하여 십자가의 중심부부터 바깥쪽으로 원을 그려나간다.

회오리

단풍잎

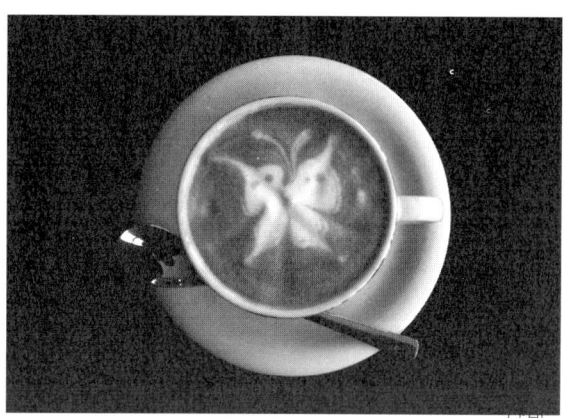

튜울립

나비

토끼

Chapter 8 Latte Art

여우 꼬리 하트

회오리

하트 in 하트

- 물결무늬 만들기
  - 잔 전체나 중간이 하얀 우유 거품으로 담기게 한다.
  - 초코나 카라멜 소스를 이용하여 중간 부분이나 잔 바깥 부분에 가늘게 1~3 줄 정도를 그려준다.
  - 날카로운 송곳 등을 이용하여 휘젖거나 아래 위로 과감하게 움직이면서 물결무늬를 만들어 준다.

(3) Ice-Latte Art

- 우유 거품내기
  고운 거품을 내기 위해서는 다소 불편하더라도 프렌치프레스를 사용하는 것이 좋다.

- 차가운 우유를 적당량 프렌치프레스에 넣는다.

- 우유 거품을 부드럽게 내기 위해서는 먼저, 강하게 10여번 펌프질을 하고 기다리는 것이 좋다.

- 우유 거품이 부드러워지기까지 기다리는 동안 에스프레소를 추출하고 아이스 잔에 얼음을 넣는다.

- 추출한 에스프레소를 아이스잔에 넣고 부드럽게 만들어진 거품을 아이스잔에 따른다.

- 이후 페인팅 등의 기술을 사용하여 아트를 완성한다.

1

2

완성

바리스타의 전망

1. 한국 커피 문화 변천사

년대	영업 형태	추출방법	주메뉴	특징	비판
1960 ~ 70년대	다방시대	다방 커피	인스턴트커피	산업화의 진행으로 전통사회가 무너지면서 다방이 어르신들의 사랑방 역할을 한 시대	인스턴트커피 시장이 비정상적으로 비대화된 시기
1980년대	커피 전문점의 등장	사이펀 추출의 등장	블랜딩과 단종커피의 등장	사이펀 추출이 소개되면서 원두커피 전문점이 등장한다.	커피 원재료에 대한 고찰 없이 사이펀이라는 추출방법만 고민하였기에 곧 쇠퇴기를 맞이한다.

년대	영업 형태	추출방법	주메뉴	특징	비판
1990년대	Self-service 커피숍 등장	커피메이커	Hazelnuts 커피	셀프서비스라는 서구적인 영업형태와 hazelnuts으로 대변되는 향 커피의 등장으로 수많은 커피프랜차이즈가 등장한 중흥기. 가정에는 커피메이커가 대거 보급된 시기.	커피 본연의 맛보다는 첨가한 향(헤즐넛 등)으로 커피 맛을 내고, 커피 자체의 건강보다 영업형태(셀프서비스)로만 접근하였기에 곧 쇠퇴기를 맞이 한다.
2000년대 초반	Take-out 커피 전문점의 등장	에스프레소	베리에이션 메뉴(카페모카, 카푸치노, 등등)	외국의 대형 프랜차이즈 커피 전문점이 도입된 시기. 많은 국내 프랜차이즈도 생겨남.	미국계 커피 체인점이 대거 도입되면서 커피 문화에 일대 변혁이 일어남. 하지만 커피 본연의 맛보다는 우유, 휘핑크림, 시럽 등으로 맛을 내고, 커피의 건강함보다는 패션화된 경향을 띤 시기.
2007년 이후 현재	커피 볶는 집의 대거 등장	핸드드립 등 다양한 추출법 소개	블랜딩을 비롯한 단종 커피가 본격적으로 소개된 시기	커피 체인점, 개인 커피숍, 로스터리 샵 등 원두커피 시장이 급격하게 확대되고 있는 시기	또 다른 커피 중흥기.

커피 전문점은 거의 10년 주기로 중흥기가 있었다. 하지만 호기를 제대로 살리지 못하고 바로 쇠퇴기를 맞아 인스턴트커피에 그 자리를 내어주는 특징을 띤다. 훌륭한 추출법 중에 하나인 사이펀 추출이 유행했던 80년대에 많은 사람들이 커피 전문점을 찾았다. 하지만 추출법보다 더 중요한 것이 커피의 질과 신선도인데 그것을 간과하고 사이펀을 그저 알콜 램프로 추출하는 신기한 추출법으로만 접근하였기에 이내 그 열기가 시들해버렸다.

90년대에도 음식인 커피를 영업형태(Self-service)로만 접근한 나머지 수많은 체인점들이 잔해만 남기고 쓸쓸한 2000년을 맞이하게 되는데, 이 역시 "무엇을 팔 것인가?"보다 "어떻게 팔 것인가?"에 더 집중한 때문이다. 또한 이 시기에 일명 삐삐가 보급되면서 커피숍이 전화교환소의 역할을 하면서 "삐삐 치신 김사장님이요"라고 종업원이 부르면 3~4명이 전화기로 달려가는 진풍경이 벌어지기도 하였다. 물론 그 사장님들은 대부분 인스턴트 커피를 마시고 있었다.

새로운 세기가 시작되면서 커피업계에 엄청난 사건이 발생한다. 외국(주로 미국)에서 초대형 태풍이 상륙한 것이다. 막강 Brand Power, 대규모 자본, 선진화된 마케팅 전략으로 무장한 거대 커피 전문점의 등장은 인스턴트커피로 무장한 극동의 작은 나라가 막아내기에는 너무나 거대한 파도였다.

그리고 그 여파로 전문성을 표방한 많은 커피점들이 생겨났다. 하지만 그 전문화도 영업형태에만 국한되어 커피 자체에 대한 전문화는 결여되었다. 사실 Take-out은 다분히 미국적인 영업형태일 뿐이다. 커피를 종이컵에 담아서 가지고 다니는 것, 그것도 시럽과 우유, 기타, 다른 물질을 듬뿍 넣은 메뉴 커피를 가지고 다니는 것은 미국식 실용주의적 문화라 볼 수 있다. 그러나 한국의 커피 문화는 미국식 실용주의와는 많이 다르다.

대한민국의 많은 커피 소비자들은 만남을 위해서 커피를 마신다. 그래서 커피를 종이컵에 가지고 다니는 To-go 열풍은 금방 시들해 버렸고, 오피스 밀집지역이나 대학가의 Take-away 매장만 일부 남게 되고, 더불어 정부가 일회용 컵에 부과한 수거 비용도 철회되었다.

이후 지지부진하던 커피 전문점들이 TV 커피 드라마 등의 여파로 다시 폭발적으로 늘어났다. 약 10년 전에도 그랬지만 외국계 체인점, 국내 대형 프랜차이즈, 중소형 프랜차이즈를 비롯하여 개인 커피 전문점까지 - 과연 다시 찾아온 좋은 기회를 어떻게 하면 과거와 같이 허무하게 버리지 않을 것인가? 그 해답은 바리스타 자신에게 있다.

2. 카페는 어떤 곳인가? 바리스타의 역할은 무엇인가?

카페는 사람들을 위한 공간이다.
커피를 마시기 위한 사람들, 사람들을 만나기 위한 사람들, 책을 읽거나 쓰기 위한 사람들, 그저 시간을 때우기 위한 사람들을 위한 곳이 카페다. 그 공간의 중심이나 때로는 그 언저리에 바리스타가 있다.

커피 전문가로서 원두를 신선하게 관리하고 시스템을 최상의 상태로 유지하여, 서비스맨으로서 고객의 취향에 맞는 음료를 만들고 손님이 불편하지 않도록 배려하여야 하며, 손님의 친구로서 서로 말벗이 되어주고,

형이나 누이처럼 손님의 힘든 부분을 보듬어주고, 청소부로서 매장의 청결을 책임지고, 지배인으로서 가게의 살림을 도맡아 하고, 때로는 아무것도 모르는 바보처럼 그저 묵묵히 일만 하기도 하여야 한다.

위와 같이, Bar 안팎에서 일어나는 모든 일을 거의 완벽하게 해내는 사람이 BARISTA다.

3. 직업으로서의 바리스타

바리스타의 역할이 메뉴를 만드는 것에만 국한된 것이 아니고, 또한 아르바이트에게 맡길 수 있는 단순한 일도 아니다. 따라서 한 사람의 숙달된 바리스타가 만들어지기 위해서는 기본 심성을 갖춘 예비 바리스타를 체계적으로 교육시켜야 한다. 또한 교육 과정을 이수한 이후에는 반드시 일정기간 실전 경험을 쌓도록 한다. 실제 매장에서 일어나는 일은 아카데미에서 벌어지는 상황보다 더 변화무쌍하기 때문이다.

이처럼 기본심성, 체계적인 교육, 풍부한 매장 경험 등이 겸비되어야 숙달된 바리스타가 될 수 있다. 아직은 아쉬운 면도 있지만 작금의 바리스타들은 실력과 현장경험이 매우 풍부해졌다. 그래서 앞으로는 한식, 일식, 중식, 양식 등의 분야와 같이 국가에서도 인정하는 당당한 직업군으로 발전할 것이고 그래야 한다고 굳게 믿고 있다.

부 록

부록 1 기타 커피 추출

• **커피 추출의 원리-(역)삼투압**

모든 커피 추출은 (역)삼투압이라는 힘에 의하여 이루어진다. 즉, 농도가 다른 두 가지 이상의 물질이 만나면 농도가 서로 같아지려는 힘이 발생한다. 이 힘(삼투압)에 의하여 커피 알갱이(농도를 100으로 보자)와 물(농도를 0으로 보자)이 서로 만나면 삼투압(혹은 역삼투압)이 작용하여 커피 안의 성분이 추출되어 나온다.

• **추출의 종류**

(1) 앤드드립
- hand-drip의 원리(물의 표면장력)
  핸드드립에서의 관건은 드립

퍼에 담겨진 커피 전체에서 삼투압이 골고루 일어나게 하는 것이다.

그러기 위해서는 물의 표면장력(물과 물이 서로를 잡아당기는 힘)이라는 힘을 잘 이용하여야한다.

물의 표면장력을 잘 이용하려면 '불림'을 잘 하여야 한다.

핸드 드립

■ 불림

불림은 커피를 추출하는 작업이 아니라 말 그대로 커피를 물로 불리는 작업이다. 신선한 커피가루에 물이 닿으면 삼투압이 순식간에 일어나면서 커피가루는 많이 부풀어 오른다. 이 때 물의 표면장력을 잘 이용하려면 물을 그냥 커피에 올려놓는다는 느낌으로 부어야 한다. 물을 급하게만 부으면 첫물 닿은 곳으로 물길이 생겨버려 그쪽으로만 삼투압이 일어날 것이다. 충분한 물을 커피 위에 얹어놓는다는 느낌으로 살며시 부으면 물은 커피 전체를 완전히 적실 것이고, 남은 물이 한 방울 한 방울이 서버에 똑, 똑 떨어진다면 완벽한 불림이 된다.

하지만 물이 전혀 서버에 떨어지지 않는다든지, 물이 줄줄 나온다면 물의 양이나 물의 세기 조절에 실패한 것이다. 즉, 물이 전혀 나오지 않는 다면 물의 양이 부족한 것이고, 물이 줄줄 나온다면 물을 세게 부었거나 물의 양이 너무 많아서 불림을 충분히 못하고 그저 스쳐 나오는 것일 뿐이다.

물론 불림을 꼭 한 번에 할 필요는 없다. 1차, 2차 불림으로 나누어 할 수도 있으나 우선 일단 1차 불림으로 완벽히 불림을 할 수 있는 실력을 기른 후, 시도해 볼 것으로 차후의 일이다. 또한, 물을 부을 때는 중앙에서부터 밖으로 원을 그려나가다가 다시 중앙으로 들어와서 끝내는 것이 좋다. 즉, 중앙에 물을 많이 붓는 것이 좋다.

이유인즉 드립퍼의 구조상 중앙에 커피가 많이 담긴다. 또한 바깥쪽에 물을 많이 부으면 드립퍼에 직접 물이 닿아 그냥 물이 흘러 내려 그저 물 같은 커피가 나올 가능성이 많아진다.

불림을 한 후 삼투압에 의하여 커피가 충분히 부풀어 올라서 갈라지기 시작하면 본격적인 추출을 시작한다. 이 불림 이후 추출하기 전까지의 시간, 즉 불림 시간이 커피의 맛에 영향을 끼친다.

일반적인 조건에서 불림 시간이 길면 커피가 좀 더 진하게 나올 것이고, 불림 시간이 짧으면 연하게 나올 것이다.

- **추출**

불림을 완벽하게(완벽한 불림은 아마 불가능하겠지만…) 했다면 이후의 추출은 쉬운 일이다. 왜냐하면 물을 중앙에 붓기만 하면, 물의 표면장력에 의하여 커피 전체에서 삼투압이 골고루 일어날 것이기 때문이다.

하지만 사람은 완벽한 불림은 고사하고 정중앙에 물을 부울 수 있는 능력이 없다. 그래서 핸드드립을 할 때는 원을 그리는 것이다. 이때도 역시 중앙에서 시작하여 중앙에서 끝내는 것이 좋고, 너무 바깥쪽으로 드립하는 것은 좋지 않으며, 물을 너무 천천히 붓는다든지 너무 세게 붓는 것도 좋지 않다.

그리고 원을 천천히 그리면서 물을 붓다보면 물이 차오를 경우가 있는데 이때는 쉬어주는 게 좋다. 물이 차오르면 투과식 커피 추출 방식인 핸드드립이 아니라 침지식 커피 추출 방식(사이펀이나, 플런저)이 될 것이기 때문이다.

물론 침지식 커피 추출방식이 틀렸다는 것은 아니다. 단지 투과식 추출 방식으로 커피를 추출하면서도 투과식 커피 추출방식의 묘미를 못 살린다는 것뿐이다.

- **Hand-drip 시 주의할 점**
    - 물의 온도 : 약 85~95도
    - 불림 시간 : 약 20~50초
    - 총 추출 시간 : 약 1분 30초~2분 30초

- 커피의 양 : 약 10g~20g
- 추출 양 : 약 120cc~240cc

※ 항상 '약'이라고 표현할 수밖에 없다. 앞으로 좀 더 나은 방법이 나올 수 있으며, 음식에 절대적인 것이 있을 수 없기 때문이다. 대강의 범위로 표현할 수밖에 없고 커피를 추출할 때마다 혹은 추출하는 사람에 따라 항상 다른 맛이 나오기에 커피는 더욱 재미있다.

만약 정확한 수치에 의하여 항상 같은 맛을 내야 한다고 주장한다면 그것은 매우 불행한 일일 것이다. 그렇다고 너무 다양성을 중시하여 찬물로 커피를 추출한다거나 커피의 양을 5g(경제도 어렵고 해서)만, 추출시간도 30초 안에(바빠서) 끝내는 것은 좋지 않다. 일정 범위 안에서 시를 짓듯, 창조적인 자유를 발휘할 수 있다는 것은 행복한 일이다.

(2) Turkish(터키식 커피)

커피를 처음으로 음용하였던 이슬람 문화권에서 즐기던 방식으로 커피를 끓여 먹는 방식이다. 약 1,000년 전에는 오늘날과 같은 그라인더가 없었다. 그래서 맷돌처럼 갈아서 커피를 추출하였다. 즉, 커피를 가장 가늘게 갈아서 추출하는 방식이다. Ibriq이나 cezbe를 사용하여 추출한다.

cezbe

- Ibriq이나 cezbe의 사용법
  ① 커피를 가늘게 갈아서 준비한다. - 가장 가늘게 분쇄하여 추출하는 방식이다.
  ② 1인분에 약4~7g 정도로 분쇄한 커피를 Ibriq이나 Cezbe 안에 넣는다.
  ③ 찬물을 1인분에 100ml 정도로 Ibriq이나 cezbe 안에 붓는다.
  ④ 강하지 않은 불 위에 Ibriq이나 cezbe를 올려놓는다.
  ⑤ 거품이 끓어오르면 Ibriq이나 cezbe를 불에서 내려놓아 거품을 꺼지게 한다.
  ⑥ ⑤를 3~4회 정도 반복하여 취향에 맞게 추출한다.
  ⑦ 설탕, 향신료를 넣고 같이 끓이기도 한다.
  ⑧ 조심스럽게 윗물만 잔에 따른다.
  ⑨ 커피 찌꺼기가 잔에 부어질 수밖에 없는데, 다 마시고 난 뒤에는 커피 잔에 남아 있는 커피 찌꺼기 모양을 보고 그날의 운수를 점치기도 한다.

이와 같이 이슬람 문화권에서는 커피 찌꺼기조차도 즐기는 대상으로 보았다. 하지만 유럽에 커피가 전파되면서 필터링을 거친 커피가 일반화된다. 아마 문화의 차이 때문일 것이다.

(3) Royal Balancing Syphon Coffee Maker (Vienna Coffee Maker) 로얄 발렌싱 사이펀 커피 메이커

실험실에서 탄생한 커피메이커로, 커피 추출을 아름다움으로 승화시켰다. 바디감과 향이 뛰어난 커피가 추출된다.

① 오른쪽의 물이 충분히 끓으면 금속 파이프를 통해 물이 왼쪽의 커피가루와 섞인다.
② 오른쪽 물탱크의 물이 줄어들면 무게가 가벼워지면서 알코올 램프가 자동으로 꺼진다.
③ 왼쪽 그릇에서 커피와 물이 충분히 섞이면서 커피가 추출되는 동시에 차가워진 오른쪽 탱크가 진공이 된다.
④ 진공의 힘에 의하여 커피 추출액이 금속파이프를 통해 다시 오른쪽 물탱크로 돌아온다.
⑤ 오른쪽 탱크 위 뚜껑을 개방하고 수도꼭지를 열어서 커피를 마신다.

- Syphon-사이펀식 커피

사이펀식 커피는 커피와 물이 일정 시간동안 잠겨있는 상태에서 커피를 추출하는 침지식 추출의 대표적 방식이다. 또한 추출 방식이 특이하고 보기 좋아서 시각적 효과를 극대화 시킬 수 있는 추출방식이다. 또한 약간의 훈련만 하면 누구나 쉽게 일정한 맛을 낼 수 있는 방법이기도 하다. 하지만 다루기가 번거롭고 기구가 깨지기 쉬우므로 조심해야 한다.

sypone의 사용법

① 사이펀 아랫부분의 플라스크에 뜨거운 물을 넣고 가열한다.
② 사이펀의 상부 플라스크에 커피를 넣고 하부 플라스크와 접합시킨다.
③ 하부 플라스크에 불이 계속 가해지면 뜨거워진 공기의 힘에 의하여 하부 플라스크의 물이 road를 통하여 상부 플라스크로 올라간다. 물론 이 때 하부 플라스크의 물이 상부로 완전히 올라가지 않도록 설계되어 있다. 왜냐하면 하부 플라스크에 물이 전혀 없으면 하부 플라스크에 가해진 열에 의하여 하부 플라스크가 깨질 수도 있기 때문이다.

④ 나무 막대로 약 20번 저어준다.
⑤ 추출 시간은 상부 플라스크에 물이 올라온 후 30초~1분 정도로 한다. 30초에 가까우면 커피가 연하게, 1분에 가까우면 커피가 진하게 추출된다.
⑥ 시간이 지나고 불을 끄면 플라스크의 압력이 낮아져서 상부 플라스크에 있던 커피 추출액이 하부 플라스크로 되돌아온다.
⑦ 이 때 부드럽게 내려오게 하기 위해서 3~4번 저어준다.
⑧ 하부 플라스크에 추출된 커피를 마신다.
 - 추출방식의 특성상 커피가 뜨겁다.

(4) Dutch - 더치식 커피

투과식 커피 추출 방법 중의 하나로 찬물로 추출한다. 약 12시간 이상을 찬물로 추출하기 때문에 더치 특유의 맛이 나온다. 원래는 인도네시아 원주민들이 추출해 먹던 방법이었지만, 네덜란드 항해사들이 오랜 항해에서도 커피를 먹기 위해 추출하기 시작하면서 이름까지도 더치(즉, 네덜란드식)라고 바꾸어 버렸다. 따라서 Water-drip이나 Indonesia식이라고 부르는 것도 좋을 듯하다.(인류 역사와 세계 곳곳에서 커피는 슬픈 역사를 가지고 있다.)

- Indonesia식 추출법
  ① 용량에 따라 중간 플라스크에 커피를 갈아서 넣는다.(분쇄도와 커피 양에 따라서 커피 맛이 다르게 나온다.)
  ② 구조상 찬물이 한 곳에만 계속 떨어지므로 커피를 다져 넣는다.
  ③ ②번과 같은 이유로 커피가루 윗부분에 종이 필터를 올려놓으면 물이 한곳에만 떨어지지 않고 종이 위에 떨어지면서 퍼져 나간다.
  ④ 1방울이 약 2~3초 간격으로 떨어지게 한다. 찬물이기 때문에 빨리 떨어지면 추출이 제대로 되지 않는다.
  ⑤ 약 1ℓ 추출시 8~12 시간 동안 추출된 커피를 병에 담아 냉장고에 보관한다. 비교적 오랜 시간동안 보관 가능하다.

- 가정에서 간편하게 추출하는 방법
  ① 신선한 커피를 갈아서 찬물과 함께 병에 넣는다.
  굵기나 물의 양, 커피의 양을 달리해서 해보면 자신만의 맛을 찾을 수 있다.
  ② 간 커피, 찬물을 넣은 병을 흔든 후, 냉장고에 보관한다.
  보관 시간에 따라 맛의 농도가 달라진다.
  ③ 12시간에서 24시간 동안 우려낸 뒤에 커피가루를 걸러서 냉장 보관하여 마신다. 너무 오래 추출하면 잡미가 나온다.

(5) Mocha Pot - 모카포트식 커피

가정용 에스프레소식 커피 추출 기구다. 상업용보다는 적은 압력(약 1.2~1.3 기압정도)으로 추출되므로 진하고 강한 Crema가 생성되지는 않지만 독특하고 맛있는 커피를 만들기에 충분한 추출방식이다. 유럽이나 서양의 가정에서는 한두 개 이상은 가지고 있을 정도로 대중적이다.

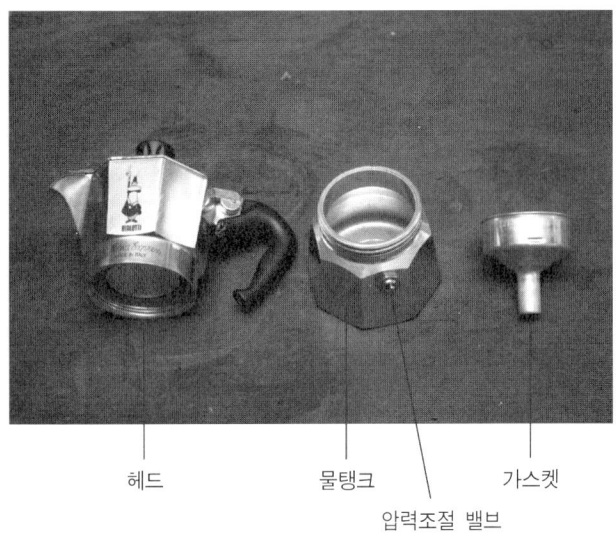

헤드　　　물탱크　　　가스켓
　　　　압력조절 밸브

- Mocha Pot- 모카포트 사용법
  ① 물탱크의 압력조절 밸브가 잠기지 않도록 차가운 물을 붓는다.
     압력 조절 밸브는 혹시라도 압력이 빠져나오지 못할 때, 작동되어 폭발을 방지하는 안전장치다. 그러므로 물에 잠기게 하면 안 된다.
  ② 에스프레소용으로 가늘게 간 커피를 가스켓에 채워 넣는다.
  ③ 약하게 탬핑한다. 너무 강하면 커피가 추출되지 않을 수도 있다.
  ④ 약한 불에 포트를 올려놓는다.
  ⑤ 커피가 전부 추출되도록 충분히 끓인다.
     커피가 신선하고 장착을 제대로 하면 크레마가 생긴다. 그러나 추

출압력이 상업용 에스프레소머신보다는 낮아서 크레마가 금방 사라진다.

(6) 프렌치 프레스
① 커피는 다소 굵게 갈아도 된다.
② 커피 약 10~15g을 갈아서 넣는다.
③ 90~95도의 물을 붓는다.
④ 프레스를 3~5번 정도 펌핑한다.
⑤ 2분 정도 우린 후 잔에 부어서 마신다.

부록 2 Cupping : cup testing

• Cupping이란?

- 커피가 본래 가지고 있는 본연의 맛을 알 수 있도록 하는 것
- Cupper의 주관성이 개입될 수 있다.
- 만들어진 맛을 알아내는 것이 아니라 창조의 한 부분을 느끼는 작업.
- 추출하는 사람의 실력을 최소화하여 맛을 객관화한다.

• Cupper : 커핑하는 사람

전문 커퍼는 입맛이 뛰어난 사람들이 적어도 1~2년 정도 전문적인 교육을 받은 후에 자격을 취득할 수 있다.

• Cupping의 목적

- 농장주 : 생산된 생두의 질을 파악하기 위하여
- 원두제조사(Roasting 회사) : 농장 등지에서 받은 생두를 테스트하여 구입 여부를 결정한다.

• Cupping의 요소

- 일정한 물의 양
- 일정한 물의 온도
- 일정한 커피의 양
- 일정한 grinding 상태 : 매우 가늘게(에스프레소 정도)

- 위 4가지 요소를 일정하게 하여 테스팅한다.

  즉, 일정한 조건에서 맛의 변화를 알아보면 그 외의 요소(생두의 상태 등)를 알 수 있다.
- 여기에 볶음 정도를 일정하게 조정할 수 있는 샘플 로스터를 사용하면 생두의 품질을 평가할 수도 있다.

● 커핑의 순서

■ 커피를 갈아서 잔에 담는다.

커핑은 같은 커피를 여러 잔 할 수도 있다. 이 때, 커피를 한꺼번에 갈아서 나누어 담는 것은 좋지 않다. 왜냐하면 커피를 볶기 전에 핸드픽(불순물이나 불량두를 골라내는 것)을 하는데 완벽한 핸드픽을 할 수 없기 때문에 가끔 불량두가 섞여 들어가서 갈린 커피 전체가 잘못된 맛을 낼 수 있다. 그러므로 힘이 들더라도 한 잔 분량을 따로 갈아서 커핑잔에 담아야 한다.

■ 아로마 테스팅

아로마 테스팅은 본격적인 테스팅은 아니고 커핑 잔에 담긴 커피가루의 향을 맡는 것을 말한다. 코를 최대한 커핑 잔에 밀착시켜서 커피 향을 맡는다. 이 때, 여러 잔의 향을 맡을 때는 적어도 2~3초 정도는 코를 쉬게 해주어야 한다. 왜냐하면 코는 냄새에 쉽게 마비가 되기 때문이다.

■ 물 붓기

보통 커핑은 여러 잔을 동시에 하는데, 되도록 동시에 같은 양의 물을 같은 온도로부어야 한다.

- **아로마 테스팅**

    이번의 아로마 테스팅은 물의 붓기 전의 테스트와는 다르다.
    커피에 물을 부으면 풍선같이 부풀어오른다.
    이것을 스푼으로 깨면서 향을 맡는다.
    재빨리 스푼의 뒷면을 이용하여 커피 찌꺼기를 충분히 담아서 향을 맡는다.
    다시 재빨리 스푼의 앞면에 물과 커피가루를 잔뜩 올려 향을 맡는다.

- **컵테스팅**

    스프스푼같이 큰 스푼에 커피 추출물을 가득 담는다.
    강하게 그 물을 흡입하여 입안 전체를 커피액으로 충분히 적신다.
    이때, '츕'하는 큰소리와 함께 혀 전체와 후두부 깊숙이까지 커피액을 분사시키는 연습을 하면 좋다.
    이후, 평가판에 커피의 맛과 향을 적는다.
    다른 cupper와 토론하여 맛을 도출한다.

부록 3 커피의 역사

● 커피의 발견

■ 칼디의 전설
옛날 에티오피아의 아비시니아 고원에 칼디라는 양치기가 있었다. 정확하게는 염소치기라고도 한다.(염소의 배설물이 커피 원두와 닮았으므로…) 어느 날 염소들이 평소와 달리 신나게 뛰어놀기 시작했다. 칼디는 이 기이한 현상을 그 지역의 수도원장에게 알렸고 수도원장은 염소들을 관찰하여 마침내 빨간색 커피를 발견하였다. 그래서 수도원장도 그 열매를 끓여 먹었더니 맑은 정신으로 기도에 전념하였다고 한다. 즉, 밤에 잠이 안 왔다는 것이다.

■ 오마르의 전설
이슬람의 대신이었던 오마르는 모함을 당하여 죽기 직전에 빨간 열매를 발견하여 먹고는 기운을 회복하였다. 이후 커피열매를 가지고 병자들을 치료하였으며, 마침내 현자로서 이름을 날리게 되었다.

위의 얘기들은 전설일 뿐이다. 과학자들은 커피가 자생하던 숲에 우연히 불이 나서 커피가 발견되었을 것으로 생각한다.

● 커피 문화의 전파

■ 이슬람의 커피 역사
칼디나 오마르의 전설에서 알 수 있듯이 커피가 처음에는 특수직종의 사람들만(종교인 등) 음용하거나 약용으로 사용되었는데, 이슬람에 커피 하우스가 설립되면서 상용화되어 찬란한 이슬람문화를 이끈다.

■ 유럽의 커피 역사

"이슬람의 와인"이라 불리며 우여곡절 끝에 유럽에 상륙한 커피가 술에 찌든 유럽을 깨워 유럽의 문명을 발전시키고 그 힘으로 이슬람을 비롯한 전세계를 제패하였다고 주장한다면 논리의 비약이 너무 큰 것일까?

■ 미국의 커피 역사

미국은 영국의 식민지였다. 그래서 원래는 영국처럼 홍차를 즐겨 마셨다. 하지만 영국의 높은 세금에 대항하여 보스턴 앞바다에 정박해 있던 배에서 차를 약탈하여 버리는 사건(1773년 보스턴 차사건, 미국독립전쟁의 효시)을 계기로 미국인들은 커피를 마시게 되었다. 그러나 유럽식 커피보다 훨씬 연한 홍차를 마시다 커피로 갑자기 전환한 덕에 커피도 연한 커피, 즉 아메리카노가 탄생되었다. 또한 이때는 미국의 식민지 개척시기로 어려운 경제적 여건 때문에 커피에 물을 많이 첨가하여 묽게 마시기도 했다.

■ 대한민국의 커피 역사

우리나라에서는 고종 황제께서 1896년 러시아 공사관에 피신하신 시기(아관파천)에 커피를 처음 드셨다는 기록이 있다. 그러나 이전에 제물포가 개항하면서 설립된 외국인 전용 호텔에서 커피를 팔았을 것으로 보고 있다. 이후 일제강점기와 해방, 6.25사변 등 역사의 격변기에 커피 전문점이 제자리를 잡을 여유는 없었다.

6.25가 끝나면서 해방군으로서 미군의 강력한 영향력 아래, 아메리카노 커피와 미군의 전투식량에 포함된 인스턴트 커피가 이후의 우리 커피 문화에 지대한 영향을 준 것도 우리 근현대사의 아픈 한 단면이다.

● 커피나무의 전파

에티오피아의 아비시니아 고원에서 처음 발견된 커피나무는 caravan(대상)들에 의하여 지금의 예멘지역(아라비아 반도)에서 최초의 경작이 이루어진다. 사람의 손을 거치면서 품종개량이 일어나 Arabica(아라비아 반도에서 품종개량이 이루어짐)종이 탄생하였다. 이후 수백년간 이슬람인들에 의하여 독점된 커피나무가 서양제국주의 시대에 마침내 외부 세계로 유출된다.

커피나무

마침내 인도, 스리랑카, 인도네시아 등지에서 커피나무가 재배되기 시작하였는데, 그래서 이 시기에 인도를 강점하고 있던 영국은 커피의 주 소비국이기도 하였다. 그러나 커피나무에 치명적인 녹병이 돌면서 인도, 스리랑카는 커피 재배를 포기하고 차를 재배하기 시작하여서 영국은 홍차의 주 소비국이 되었다. 한편 인도네시아는 병충해에는 강하지만 맛과 향이 떨어지는 Robusta 종을 재배하기 시작했다.

중남미에 커피나무가 상륙하면서 커피 재배는 큰 전환점을 맞는다. 중남미의 거의 모든 나라에서 커피나무가 재배되면서 생산량이 많아지고, 품종 개량이 급속도로 빨라져 다양한 맛과 대량생산 체제로 양과 질에서 소비자를 만족시켜, 커피 소비가 세계화된 것도 이 시기다.

영화 'Out of Africa'에서 돈 많은 유럽인이 대규모 노동력을 동원하여 엄청난 크기의 커피 농장을 기업적으로 경작하는 내용이 나온다. 이를, plantation 농업이라고 한다. 이와 같이 커피나무는 자연발생적으로 전 세계에 퍼져 나간 것이 아니라 경제적, 정치적인 이유로 경작되었기 때문에 에티오피아에서 발견된 커피가 국경을 맞대고 있는 케냐에서 재배되기까지는 약 1,000년의 세월이 필요했다.(때로 영화를 추억함에 있어서도 아프리카의 대자연이나 주인공들의 애틋한 사랑보다 커피가 먼저 떠올려지는 멋 없는 커피쟁이로 살고 있다는 것이 그저 고맙다.)

원유 다음의 물동량을 자랑하는 커피는 지금도 제3세계 노동력에 절대적으로 의지하고 있다. 그들의 노고를 덜기 위해서 커피 마시기를 줄여야 하는 것인지? 아니면 그들에게 조금이라도 도움이 되도록 더 많은 커피를 마셔야 하는가? 커피 한 톨에는 그 역사만큼이나 깊은 사연이 있음을 생각하고 커피 마실 것을 요구한다면 주제를 벗어나는 요구일까? 인간의 합리적 생각의 틀이 부의 확대, 재생산에만 집중하지 않고 부의 분배의 공정성에도 그 유연함을 부여하여 〈공정무역〉이라는 아름다운 시스템을 탄생시켰으니, 앞으로의 소비행태에 대하여 많은 기대가 된다.

부록 4 커피나무의 성장과 가공

● **커피나무의 성장**

커피나무는 적도를 중심으로 남북위 25도 사이에서 자란다. 그래서 그것을 Coffee Belt 내지 Coffee Zone이라고도 부른다.

품종은 약 20여 가지가 알려져 있는데 그 중에서 Robusta와 Arabica가 중요하다. 로부스타는 저지대에서도 잘 자라고 병충해에 강해 대량생산이 가능하나 향미는 다소 떨어진다. 그래서 Instant 커피의 재료로 주로 쓰인다. 아라비카종은 병충해에 약하고 주로 고지대에서 자라 대량생산하기가 까다롭지만, 향미가 좋아서 원두커피의 재료로 주로 사용된다. 여기서는 주로 좋은 Arabica 종을 수확할 수 있는 자연 조건에 대해서 알아보자.

좋은 아라비카종으로 성장하기 위해서는 강수량은 풍부하지만 동시에 배수가 잘 되어야 한다. 물이 고여 있으면 뿌리가 쉽게 썩기 때문이다. 또한 햇빛이 좋아야 하지만 너무 강한 햇빛에 오랫동안 노출되면 말라 죽을 수 있다. 그래서 커피나무 중간 중간에 잎이 넓은 나무를 같이 심기도 하는데, Hawaii kona와 Colombia narino 지역은 오후 1~2시에 자연적으로 구름이 생성되어 강한 햇빛을 막아주는 Free shadow 현상으로 좋은 커피가 생산되기도 한다. 우기와 건기가 확실히 구분되는 곳이 좋은데 꽃 피기 전까지는 우기가, 개화한 이후에는 건기가 지속되면 좋다. 농산물은 일교차가 크면 튼실해지는 특성이 있다. 커피 또한 일교차가 크면 양질의 커피가 생산된다. 하지만 서리점 이하까지 기온이 내려가면 냉해로 죽을 수 있다.

결국 좋은 아라비카 커피가 잘 자라기 위해서는 열대의 고산지대가 좋다. 특히 화산지대에서 special 커피가 수확된다. 열대지방 중에서도 화산활동으로 고산지대가 된 곳! 그곳은 스콜이라 불리는 비가 자주 오고, 화산지대의 특성상 배수가 잘되며, 열대의 강한 햇빛이 빨리 저물고, 고산지대인만큼 일교차가 크지만 열대지방이므로 5도 이하까지는 내려가지 않는다. 더불어 화산지대의 풍부한 영양분을 가진 토양까지….

• Coffee cherry의 가공

커피는 체리와 비슷하게 생겼는데 먹는 것은 체리와 정 반대다. 체리는 과육을 먹고 씨를 버리는데, 커피는 과육을 버리고 씨를 볶아서 먹는다. 이처럼 커피를 먹기 위해서는 과육을 제거하여야 하는데 3가지 방법이 있다.

■ 동물을 이용하는 방법

인도네시아와 베트남 등지에서는 고양이과나 다람쥐과의 동물이 커피를 cherry 상태로 먹고는 Bean만 배설한다. 이것을 깨끗이 씻어서 가공한 것을 흔히, Kopi Luwak이라고 한다.

루왁(Luwak)은 인도네시아에 사는 사향고양이과의 동물 이름이다. 루왁이 본능적으로 잘 익은 커피를 과육과 함께 통째로 삼키는데, 소화기관을 거치면서 발효가 되어 아주 특별한 맛을 지닌 커피가 된다. 세계에서 가장 비싼 커피로 알려져 있는데, 이는 생산량이 극소량인 이유도 있다.

- 수세식(Washed)

  물이 담긴 큰 수조에 커피체리를 넣고 발효시킨 후, 물먹은 과육을 제거하고 Bean으로 가공하는 방법이다. 제일 많이 사용하는 방법인데 물로 씻어내기 때문에 상품성이 좋고, 품질관리가 용이하다. natural 가공보다 맛과 바디감이 좋아진다.

- 자연건조식(Dried+natural)

  태양초처럼 햇빛에 커피열매를 말린다. 강한 햇빛에 푸석해진 커피의 과육을 벗겨내 커피콩을 수확하는 방식이다. Ethiopia와 Yemen 등지에서 사용하는 전통적인 방식이며, 브라질에서도 많이 사용하는 방법이다. 상품성은 washed보다 떨어지지만 향은 더 좋아진다. 펄프체로 가공하여 단 맛을 높일 수도 있다.

부록 5 산지별 커피의 특징

커피는 약 70여 개국에서 생산되는데 대륙별, 국가별로 생산되는 커피의 종류와 맛의 특징 등을 살펴보자.

● 아프리카

아프리카가 주는 인상만큼이나 전체적으로 강하면서 야성적인 맛을 가지고 있다.

- Ethiopia 커피

  커피의 원산지로 커피의 전설을 간직하고 있다.

  Yirgacheffe, sidamo, hara, jimma 등에서 생산되는 커피가 있다. 모카 특유의 향이 진하며 풍부한 맛을 지니고 있다.

  아직도 커피를 신성시 여기며 귀한 손님이라도 오면 커피를 직접 볶아서 연달아 3잔을 대접하는 것으로도 유명하다.

- Kenya 커피

  흔히 마사이족의 혼이 담겨진 커피로 불린다. 에티오피아와는 국경을 맞대고 있지만 다른 맛을 가지고 있다.

  상큼한 과일 맛에 풍부한 향이 좋다. 강하게 볶으면 진한 바디감과 깊은 맛을 낸다. 흔히 탄자니아와 케냐 커피를 혼동하는 경우도 많은데, 볶는 정도가 다르다면 완전히 맛이 달라진다.

- Tanzania 커피

  아프리카의 지붕 Kilimanjaro에서 자란 커피로 헤밍웨이가 즐겨 먹었으며 "커피의 신사"라고도 불린다. 강한 첫맛에 깔끔한 여운을 가지고 있다.

• 중남미

- Colombia 커피

  세계 제2의 커피 생산량과 수출량을 자랑한다. 품질 관리가 철저하여 품질이 일정하고 생산량도 많아서 블랜드 커피의 베이스로도 많이 사용된다. 볶음 정도에 따라서 다를 수 있겠지만 좋은 Body감과 균형잡힌 맛, 적당한 산미, 향기로운 뒷맛까지 콜럼비아 커피의 명성은 결코 하루아침에 만들어진 것이 아니다.

- Costa Rica 커피

  정부 차원에서 저급의 Robusta 종은 재배가 금지된 나라다. 깨끗하고 순수한 커피 맛을 자랑한다. 특히 따라수 지역의 커피가 유명하다.

- Guatemala 커피

  과테말라 커피는 좋은 바디감을 가졌다. 특히 화산지대인 안티구와에서 재배된 커피가 유명한데, 예민한 사람들은 안티구와에서 스모키한 맛 내지 담배 맛을 느끼기도 한다. 볶기에 따라서는 산미가 강하게 느껴지기도 한다. Costa Rica보다 깔끔함은 덜하지만 뒷맛이 좋다.

- El Salvador 커피

  이름만큼이나 부드럽고 여운이 긴 맛을 지녔다. 긴 여운이 스쳐 지나면서 엘살바도르 특유의 향이 나타난다.

- Brazil 커피

  세계 제1의 생산량. 워낙 재배 면적도 넓고 생산량도 많아서 한마디로 규정하기는 힘들지만, 중성적인 맛을 지니고 있어 다른 커피와 Blend할 때, 중간 역할을 한다. 스페셜 커피의 붐으로 좋은 커피들이 많이 개발되고 있다.

이 외에도 Mexico, 쿠바, 온두라스 등 등 많은 나라에서 여러 종류의 커피가 생산되고 있다.

• 아시아

- Indonesia 커피

  인도네시아는 수많은 섬으로 이루어진 나라인데 대부분은 인스턴트 커피의 재료가 되는 로부스터종이 생산되지만 수마트라섬의 Mandheling, 슬라웨시 섬의 Toraja, 자바섬의 Java 커피는 명품으로 불릴 만한 품질을 가지고 있다.
  강한 쓴맛과 풍부한 바디감, 흙내음의 커피는 다른 곳의 커피와는 확연히 차이가 있다. 가끔 뒷맛의 여운이 과테말라와 혼동되기도 한다.

- 인도 몬순 말라바(India monsooned malaba)

  지금은 인도가 차 생산지로 유명하지만 한때는 커피의 주 생산지였다. 커피나무가 전파되는 주요한 길목을 차지했던 말라바 지역에서는 지금도 꽤 많은 양의 생두가 수확되고 있으며 특히, 몬순 커피는 인도양의 해풍에 인위적으로 커피 생두를 노출시켜 홍차처럼 발효시킨 커피다. 산미는 떨어지지만 구수하면서도 특별한 향을 지니고 있어 매니아층을 형성하고 있다. 반면에 커피 같지 않은 향을 낯설게 느끼는 사람도 많다.

• Special 커피

■ Jamaica Blue Mountain

"커피의 황제"라 불리는 커피로서 다양한 맛을 지니고 있다는 평을 듣고 있다. 즉, 커피의 대표적인 맛인 쓴맛, 단맛, 바디감, 산미 등을 골고루 가지고 있다. 특히 100% 블루마운틴 1등급 생두는 굵고 깨끗한 생두 자체로도 "커피의 황제"라 불리만 하다. 여러 가지 맛이 다양하게 난다는 평과 동시에 마시는 사람에 따라서는 맛의 특징이 없다고 불평하기도 한다.

■ Hawaii Kona

하와이의 코나지역은 커피가 자라기 위한 천혜의 자연 조건을 가지고 있다. 특히 오후 1~2시면 자연적으로 열대의 강한 햇빛을 차단해주는 구름이 형성되는 Free-shadow가 발생하여 커피나무를 보호해주기도 한다. 강하고 부드러운 향미와 오랫동안 입안에서 지속되는 독특한 풍미로, 코나 커피는 스페셜 커피의 자리를 당당히 차지하고 있다.

- **Yemen Mocha Mattari**

  모카커피의 정형이라 할 수 있는 커피로 일명 "커피의 귀부인"으로 불린다. 생두의 생김새는 다른 커피들에 비하여 작고 볼품없지만 아라비아의 "날아다니는 양탄자"를 탄 듯한 모카 특유의 향이 깊으면서 맛에 기품이 있다.

- **Peaberry**

  커피 생두는 대부분이 붉은 체리 안에 두 알의 콩이 들어 있다. 그러나 가끔 1알만 생기는 경우도 있는데, 이를 피베리라 부른다. 대체로 한 나무에서 10%정도가 피베리로 성장한다. 정상적인 콩보다 더 부드러운 맛을 낸다.

- **마라고지페**

  Peaberry처럼 일종의 변종으로 Elephant콩으로도 불릴만큼 크다. 브라질의 마라고지페 지역에서 처음 발견되었다. 맛이 부드럽고 향이 짙다. 멕시코와 과테말라산이 유명하다.

위에서 커피 맛에 대한 필자의 견해를 적어 보았다. 그러나 중요한 것은 전문가나 책의 견해가 아니다. 커피 맛은 커피를 마시는 주체가 느끼는 것이 가장 중요하다. 따라서 필자의 생각은 참고로만 삼아주기 바란다.

이 외에도 수없이 많은 좋은 커피들이 생산되고 있고 또한, 지금도 커피 생산국들에서는 양질의 커피를 생산하기 위하여 노력하고 있어서 미래에는 더 좋은 커피들이 생산될 것이다. 또한 우리도 앞으로는 좋은 커피를 생산하기 위하여 자본과 기술, 인력을 투자해야 할 것이다.

부록 6 커피의 향미와 건강

● 커피 맛의 정의

적당한 산미에 중후한 Body감, 적당한 쓴맛과 스치듯 지나는 단맛 그리고 커피를 마시고도 오랫동안 지속되는 향.

■ 산미

보통 신맛이라고도 표현하지만 산미라고 표현하는 것이 적당할 것이다. 잘 익은 과일을 한 입 깨물었을 때 느끼는 상쾌감 같은 것이다.
좋은 산미를 가진 커피로는
에티오피아 커피를 약하게 볶았을 때
케냐 커피를 중간 정도 볶았을 때
과테말라 커피를 너무 강하지 않게 볶았을 때

■ 쓴맛

커피에서 쓴맛이 없을 수는 없다. 단, 쓴맛이 너무 오래 지속되는 불쾌감은 좋지 않고 강하고 짧게 끊어지는 쓴맛은 좋은 쓴맛이다.
좋은 쓴맛을 가진 커피로는
인도네시아 커피를 중간 이상 볶았을 때
탄자니아 커피를 강하게 볶았을 때

■ 단맛

사실 커피에서 단맛을 느끼기란 쉽지 않다. 커피의 단맛은 설탕처럼 느끼는 것이 아니라 아련하게 느껴지는 뒷맛이다. 브라질 커피나 연하게 추출한 커피에서 잘 느껴지기도 한다.

- 향기

    커피는 항상 좋은 향기를 먼저 떠오르게 한다. 특히 커피향이 목으로 넘어가고 난 뒤에도 코를 통해서 오랫동안 느껴지는 것이 좋다. 이것을 finish라 표현하기도 한다.

- Body

    감칠맛이라고도 표현하는데 혀를 감싸는 맛이다. 일반적으로 물에 비해 꿀물에서 또는 우유에서 더 좋은 바디감을 느낄 수 있다. 많은 사람들이 바디감이 좋은 커피를 좋아하지만 그저 깔끔한 커피를 좋아하는 사람들도 있다.

그렇다면 결국 어떤 맛의 커피가 좋은 커피일까??

산미와 단맛, 쓴맛, 좋은 향기, 좋은 바디감을 다 갖춘 것이 좋은 커피인가??

음식으로 비유해보자면 우리가 고기를 먹는 것은 고기를 씹을 때 느끼는 질감이 좋고, 먹은 뒤의 포만감 때문이라 할 수 있겠다. 또한 채소를 먹는 것은 채소의 상큼함이 좋고 먹고 난 뒤에 부담감도 없고 살찔 염려도 없기 때문일 것이다. 즉, 배도 부르면서 살찔 염려 없고 상큼하면서도 식감이 좋은 음식이 있을까? 그런 음식은 아마 없을 것이다.

커피도 비슷하다고 생각한다. 부드러운 맛의 커피는 부드러워서, 진한 모카 향은 그 향이 좋아서, 기분 좋은 쓴맛은 그 맛 자체를 즐기고 싶기 때문이다. 체질적으로 고기를 못 먹는다든지, 채소는 꿈에도 보기 싫다면 어쩔 수 없는 일이지만 보통의 경우에는 원칙을 지킨 커피는 그 자체의 특징 때문에 존재가치가 있다고 생각한다.

- **커피에 설탕 넣어서 마시기**

커피에 있어서 설탕은 다른 음식에 있어서 소금과 같은 역할을 한다. 물론 아주 연한 아메리카노 커피에 설탕을 잔뜩 넣는다면 그야말로 설탕물만을 먹을 것이다. 하지만 좋은 커피를 충분히 진하게 추출하고 거기에 적당량의 설탕을 첨가한다면 한층 풍부한 커피맛을 볼 수도 있다. 그것은 진하게 우려낸 사골 국물이라도 소금을 넣지 않았다면 싱겁게 느껴지는 원리와 똑같다. 물론 처음 반 정도는 설탕 없이 마시고, 그 후에 설탕을 넣는 방법도 괜찮을 것이다.

- **커피와 건강**

  - 카페인(Caffeine)

  커피를 싫어하는 많은 사람들이 caffeine을 이유로 든다. 그러나 카페인은 커피에만 있는 것이 아니라 청량음료, 초콜릿, 감기약, 녹차 등에도 있다. 커피에서 처음 발견되었기 때문에 카페-인이라는 이름을 얻었을 뿐이다.

  또한 커피에는 약 1200가지 이상의 성분이 들어 있으며 커피로 추출되었을 때 약 600여가지 이상의 성분이 얻어진다. 그 중 한 가지가 카페인일 뿐이다.

  카페인은 신진대사를 활발하게 한다. 신진대사가 활발해진다는 것은 신체 각 부위에 피가 원활하게 공급된다는 것이다. 그래서 뇌기능이 활성화되고, 소화에도 도움이 되고, 다이어트에도 효과가 있다. 그러나 커피가 뇌기능 활성제나 다이어트 보조제는 절대 아니다. 그저 하루에 3~4잔 먹으면 기분 좋고 건강하게 지낼 수 있는 기호식품일 뿐이다.

흔히 잘못 알고 있는 점. 카페인은 중독성이 없다. 단지 습관성은 있다. 따라서 자칭 커피중독자들도 1~2주일 정도면 커피를 끊을 수 있는 것으로 알려져 있다. 마약이나 담배, 술처럼 중독되어 헤어나지 못하는 경우는 없다.

- 클로로겐산

커피에는 클로로겐산류의 성분들이 들어 있어서 지방산을 분해해주기도 한다.

- 폴리페놀

활성산소를 제거하여 암 예방에 도움이 된다.

- 아스파라긴산

숙취해소에 도움이 된다.

- 비타민 B군

구강염을 예방해 준다.

여러 가지 물질이 함유되어 있어서 적당한 양을 먹는다면 몸에 좋은 효과를 줄 수 있다.

하지만 커피는 절대로 건강보조식품이나 다이어트 보조제는 아니다. 체질에 맞게 먹는 게 제일 좋고, 보통사람이라면 하루에 3~4잔 정도 먹는다면 건강하고 기분 좋게 지낼 수 있는 기호식품임을 잊지 말자.

부록 7 커피 용어 해석

오랜 역사를 지니고 있는 커피는 그 역사만큼이나 많은 얘깃거리를 가지고 있다. 커피용어들을 중심으로 그 유래를 알아보도록 하겠다.

• 모카(Mocha)

모카에는 첫번째, 커피라는 의미와, 두 번째 초콜릿이란 의미, 세 번째 지명으로서의 의미, 네 번째 에티오피아와 예멘 커피라는 의미를 동시에 가지고 있다. 모카는 원래 예멘 남부지방의 항구다. 수백년간 이슬람의 모든 커피들이 모카항에서 유럽 쪽으로 독점적으로 수출하였다.

그래서 에티오피아와 예멘 커피는 모카라는 이름으로 불리게 된 것이다. 마치 사과가 대구에서 집산되기에 대구 사과라고 불리는 것과 별반 다름이 없겠다. 또한 수백년간 모카항에서만 커피를 독점하였기 때문에 모카는 커피의 대명사처럼 사용된다. 우리가 커피 맛이 나는 빵을 모카빵이라 부르는 이유가 여기에 있다.

또한 우리가 즐겨먹는 카페모카에서 모카는 초콜릿을 뜻한다. 옛날 모카항에서 수출된 모카커피에서는 초콜릿향이 났다. 지금도 물론 좋은 모카커피에서는 초콜릿향이 진하게 난다. 그래서 카페모카에서의 모카는 초콜릿이라는 의미로 사용된 것이다.

• 종이 드립의 시작

이슬람 문화권에서는 커피를 끓여서 먹었다. 이때 커피 찌꺼기까지도 그날의 운세를 점치는 것으로 즐겼지만 문화적인 차이로 유럽인들은 커피를 걸러먹기 시작했었는데, 처음에는 천으로 걸러 먹었다. 그러다가 멜리타 벤츠라는 백작부인이 편리한 방법으로 남편에게 맛있는 커피를 제공하기 위하여 종이로 걸러먹는 방법을 개발했었는데 그것이 바로 최초의 페이퍼필터 방식인 멜리타식 추출방법이다.

이와 같이 커피는 상대방을 배려하고 사랑하는 마음만 있다면 누구나 맛있고 쉽게 추출해 먹을 수 있는 것이라 생각한다.

• 에스프레소의 탄생

에스프레소식 추출법은 증기기관의 높은 압력을 이용하여 이슬람식의 진한 커피를 재현하고자 한 데에서 유래하였다. 발전을 거듭하여 오늘날에는 커피의 원산지인 이슬람 문화권에서도 사용할만큼 세계화된 추출법이다.

- **카페라떼와 카페오레**

  라떼는 이탈리아어로 우유라는 뜻이다. 따라서 이탈리아에서 라떼를 주문하면 우유만 준다. 물론 카페는 커피를 뜻한다. 결국 카페라떼는 커피우유를 뜻하는 말이다.

  오레는 프랑스어로 우유를 첨가하다라는 뜻이다. 결국 카페오레 또한 카페라떼처럼 커피우유를 뜻한다. 하지만 엄밀한 의미에서는 카페라떼와 카페오레는 약간 다른 의미를 가진다.

  이탈리아에서의 카페는 가압식 추출방식인 에스프레소식으로 추출한 커피의 의미가 강하고, 프랑스에서는 핸드드립식으로 내리는 커피의 의미가 강하다. 즉, 카페라떼는 약 30mm의 에스프레소식으로 내린 커피에 약 120mm의 우유를 넣은 것이고, 카페오레는 핸드드립식으로 내린 약 120mm의 커피에 약 120mm이상의 우유를 넣은 메뉴로 프랑스식 아침식사에 어울리는 메뉴라 할 수 있겠다. 하지만 요즈음은 프랑스도 에스프레소식의 커피가 대세이다. 따라서 카페라떼나 카페오레를 같은 의미로 사용하여도 무방하다.

- **마끼아또**

  마끼아또는 '점을 찍다', '흐리게 하다'라는 의미의 이탈리아 말이다. 처음에는 에스프레소식으로 추출한 커피를 우유나 우유 거품으로 흐리게 하여 마시기에 편하도록 만든 메뉴였다. 그러나 미국계 커피숍이 큰 커피잔에 커피와 많은 양의 우유에 카라멜 시럽이나 소스까지 듬뿍 넣어 카페카라멜마끼아또라는 메뉴로 개발한 것도 있다.

- **융드립**

천으로 내리는 커피를 아는가? 핸드드립으로 커피를 추출할 때 보통은 종이필터로 커피를 추출한다. 융드립은 커피가루를 거르는 것이 종이가 아니라 천으로 내리는 방식이다. 현미경 구조상 종이보다 덜 조밀한 100%면으로 만들어진 융으로 커피를 거르면 커피의 지용성 성분이 걸러지지 않고 추출된다. 따라서 페이퍼필터보다 더 바디감이 좋은 커피가 만들어진다.

- **카페루악(kopi luwak)**

빨간색 열매인 커피체리에서 과육을 제거하는 방법에는 여러 가지가 있다. 카페루악은 체리의 과육을 제거할 때, 사람의 손이 아닌 동물의 힘을 빌린다. 보통 인도네시아나 베트남 등지에서 많이 사용하는 방법이다. 사향고향이나 루악 같은 동물들이 커피열매를 먹으면 과육은 소화가 되고 커피빈은 소화가 되지 않고 배설물로 나온다. 그러면 사람들이 이를 수거하여 세척한 후 볶아서 먹는 것이다.

일단 동물들은 본능적으로 잘익은 열매만을 먹는다. 또한 동물의 소화기관을 거치면서 발효되어 특이하고 맛난 커피가 나오는데 생산량이 너무 적어 가격이 비싸 일반인들이 이 커피를 즐기기에는 어려운 점이 있다.

부록 8 국가별 커피 마시는 방법과 제반 환경의 차이

- **로스팅**

  - 유럽계

    커피를 처음으로 음용하였던 이슬람 문화권에서는 커피를 아주 가늘게 분쇄하여 끓여서 진하게 마셨다. 진한 커피의 전통은 유럽으로 계승되었는데 그것이 가압식으로 추출하는 에스프레소로 발전한다.

    초창기의 에스프레소 머신은 성능이 오늘날과는 차이가 있었다. 특히 그라인더의 성능은 지금보다 훨씬 떨어져서 커피를 강하게 볶지 않으면 커피의 성분을 충분히 추출하지 못했다. 그래서 커피를 강하게 볶아 에스프레소식으로 추출했던 것인데, 이 습관이 아직까지 남아 있어서 프렌치나 이탈리안 로스팅은 굉장히 강하게 볶는 것을 뜻하는 말로 사용되고 있다.

    하지만 요즈음은 추출 기술의 발전과 특히 그라인더의 성능이 개선되어 굳이 강하게 볶지 않아도 진한 커피를 추출할수 있고 또한, 에스프레소 자체의 커피를 즐기는 경향이 강하여 쓴맛만이 강조되는 강한 볶음보다는 중강배전 정도로 볶는 경향이 짙다.

  - 미국계

    미국은 원래 영국 식민지로 홍차를 즐겼다. 하지만 영국이 차에 많은 관세를 물려 식민지인 미국에 많은 부담을 주자 미국인들이 보스턴 앞바다에 정박해 있던 홍차를 실은 배를 습격하는 사건이 일어난다. 이 보스턴차사건 이후 영국에서 독립하면서 홍차대신 커피를 선택하였는데 유럽식의 진한 커피가 아닌 홍차처럼 연한 커피를 즐기게 된다. 연한 커피로 즐기려면 역시 약하게 볶아서 추출하는 것이 좋은데, 특히 뉴욕에서 볶았던 스타일의 로스팅을 시티라 부르고 그 정도의 볶음은 아주 연한 볶음 상태를 뜻하는 것이 되었다.

하지만 최근에는 물, 우유, 생크림, 시럽 등을 첨가하는 베리에이션 커피가 발달하여 오히려 미국계 커피회사들은 과거의 연한 로스팅보다는 다른 부재료와 섞여도 커피맛이 나도록 강하게 로스팅하는 경향이 강하다.

- ● 블랜딩

  - ■ 유럽계

    유럽의 커피는 역사가 깊다. 오랫동안 커피를 볶으면서 쌓인 노하우 때문인지 많은 회사들이 10여 가지 이상의 원두를 섞어서 블랜딩한다.

    많은 종류로 블랜딩을 하면 맛을 조정할 수 있는 여지가 많다. 예를 들어서 자연환경의 변화나 정치적 환경의 변화로 한 종류의 커피가 수급이 어려워졌을 때, 3~4가지로 블랜딩하고 있었다면 변화된 환경에 적응하기가 힘들 것이다. 하지만 블랜딩을 10여 가지 이상 심지어는 20여 가지 이상으로 블랜딩하면 변화된 환경에 적응하기가 훨씬 쉬워진다.

    또한 유럽의 커피들은 인스턴트의 재료가 되는 로부스터종도 블랜딩으로 사용한다. 왜냐하면 유럽인들이 좋아하는 커피가 에스프레소이기 때문이다. 로부스터를 블랜딩에 사용하면 크레마가 더 풍부하게 나오며, 로부스타 특유의 맛이 에스프레소 맛을 풍부하게 한다.

- ■ 미국계

  미국이나 일본, 우리나라는 대체적으로 적은 수의 커피로 블랜딩한다. 약 10가지 이하의 종류로 블랜딩하여 맛의 조화를 중요시한다. 그리고 또한 로부스터종은 금기시하는 경향이다. 100% 아라비카종만을 사용한다는 것을 강조하여 고급스러운 이미지를 강조한다. 실제로 고급 아라비카종만을 사용하여 블랜딩하면 맛이 한결 깔끔하다.

- 커피 문화의 차이

  - ■ 유럽계

    유럽의 모든 나라들이 같은 문화를 향유하고 있는 것은 아니지만 대표적인 유럽의 커피 문화는 역시 에스프레소다. 에스프레소는 사전적인 의미로 빠르다는 의미다.

    일반적인 이탈리아의 바에서 일어날 수 있는 상황을 살펴보자. 우선 바리스타가 "커피?"하고 바 안에서 손님에게 묻는다. 그러면 손님은 "네"라고 답할 것이다. 그 즉시 바리스타가 숙련된 솜씨로 단, 1분 안에 에스프레소식 커피를 추출해줄 것이다. 손님은 약 30mm 에스프레소에 꽤 많은 양의 설탕을 넣어서 1~2분 안에 커피를 마시고 제 갈 길을 간다.

    즉, 유럽의 커피는 커피 그 자체가 하나의 목적이다. 물론 프랑스나 오스트리아처럼 커피 한잔을 앞에 두고 독서나 토론으로 많은 시간을 보내는 문화도 있지만 형식을 떠나서 커피 자체가 그들 삶의 고유한 행동양식이자 생활습관으로 정착하였다.

■ 미국

커피 없이는 하루를 시작하지 못하는 것이나 일과중에도 커피를 손에서 떼지 못하는 점에서는 유럽과 비슷한 문화를 가진 것 같지만 미국의 문화는 유럽과 사뭇 다른 모습이다.

우선 커피 자체를 즐기기보다는 아메리칸 스타일의 커피, 즉 커피에 물을 많이 부어서 먹는다든지 우유나 시럽, 생크림 등을 첨가하여 먹는다. 또한 일회용 컵에 커피를 담아 걸어다니면서 커피를 즐기는 풍경은 다분히 실용성을 우선시하는 미국적인 문화임에 틀림 없다.

■ 일본

일본에도 미국계의 대형 프랜차이즈 커피숍들이 성업하고 있긴 하지만 역시 일본의 커피 문화는 핸드드립이라고 말할 수 있다.

고노   멜리타   칼리타

드리퍼의 종류

핸드드립은 유럽에서 발명되었지만 일본에서 많이 개량되었다. 다도를 하듯이 커피를 갈고 필터에 담아 정성을 다해 내리는 모습은 맛은 물론이고 보는 이에게 감동을 주기에도 충분하다.

- **한국의 커피 문화**

한국은 아직도 인스턴트 커피 문화가 주류다. 인스턴트 커피는 고도 경제 성장기에 노동자들의 값싼 노동을 강제하는 수단이었는지도 모른다. 지금도 수많은 육체, 정신노동자들의 고단한 일상과 함께 하고 있다.

하지만 커피는 음식이다. 약용이 아닐 바에야 음식은 맛과 그 자체의 건강함이 더 중요하다. 따라서 단순히 카페인만을 빠르게 섭취하기 위한 인스턴트식품이 아닌 커피자체의 건강함과 맛을 즐길 수 있는 원두커피로의 전환은 필연적일 것이다.

요즘 한국의 커피 문화도 많이 바뀌어 가고 있다. 여기에서 조금 아쉬운 것은 에스프레소로 대변되는 유럽식, 미국식의 베리에이션 문화, 일본의 다도화한 핸드드립식 커피가 뒤섞인 경향이다. 고려시대에 도자기가 수입된 후 많은 도공들의 노력에 의하여 가장 고려다운 고려청자가 개발되었듯이, 커피에서도 인스턴트가 아닌 한국적인 커피 문화로 발전하였으면 한다.

부록 9 커피 보관방법

커피 맛에 영향을 주는 요인은 수십 가지가 있다. 우선은 생두의 종류 즉, 어떤 자연환경에서 자랐는가부터 시작해서 최종적으로는 마시는 사람의 기분에 따라서도 차이가 난다. 아무리 맛있는 김치찌개라도 먹는 사람이 기분 좋을 때와 기분 나쁠 때, 그 맛이 다르듯이….

여기서는 그 중에서 커피 맛에 나쁜 영향을 주는 자연조건을 생각해보고, 그에 따른 최적의 커피 보관 상태를 살펴보자.

● 생두의 보관

커피 생두는 농산물과 같다. 따라서 일반 농산물을 보관하듯이 보관하는 것이 좋을 것이다. 우선 강한 햇빛에 노출되어 있는 것은 좋지 않을 것이고 고온다습한 환경은 꼭 피해야 한다. 쌀을 서늘하고 햇빛 없는 곳에 보관하는 것과 같은 이유다. 특히 생두 상태로 커피를 보관할 때는 여름철 장마철 같이 고온 다습한 곳은 피해야 한다. 그리고 너무 건조한 곳도 좋지 않다.

● 커피 맛에 나쁜 영향을 주는 자연 환경

커피 맛에 나쁜 영향을 자연 조건은 4가지로 볼 수 있을 것이다.

- 공기

  공기 중의 산소는 원두의 산화를 촉진시키는 필수 조건이다.

- 온도

  볶은 커피는 그 상태를 유지하는 것이 아니라 산화가 진행된다. 이때 보관온도가 높으면 산화 속도가 더욱 촉진되어 향미가 떨어진다. 그러므로 커피는 낮은 온도로 보관하는 것이 유리하다.

- 햇빛

  햇빛의 자외선은 산화반응을 촉진시킨다.

- 습도

  커피를 볶으면 무게는 줄어들고 부피는 늘어난다. 즉, 속이 스펀지처럼 된다. 따라서 주위의 습기를 잘 흡수하여 신선도를 떨어뜨리는 동시에 나쁜 냄새까지도 흡수한다. 따라서 냉장고 같이 습기가 많은 곳에는 보관하지 말자.

• 커피 보관의 예

- 냉동 보관

  원두를 냉동 보관하면 햇빛, 온도로부터 커피를 지킬 수 있지만, 습기나 산소를 차단할 수 없다.

- One-way 밸브

  원두는 가만히 있는 것이 아니라 계속 산화반응이 일어나서 가스가 나온다. 이 때 원웨이밸브는 속의 가스는 밖으로 배출시키나 바깥의 공기는 안으로 못 들어가게 하는 장치다.
이 장치는 산소와 습기로부터는 커피를 보호할 수 있으나 온도 측면에서는 불리하다.

■ 진공포장

진공포장 방식은 공기를 제거하여 산화의 요인을 제거하지만 역시 온도 측면에서는 불리하다. 진공 포장으로 오래 보관된 커피봉투가 부풀어오른 것을 볼 수 있는데, 이건 산화가 일어나서 속의 가스가 배출되지 못하고 부풀어오른 것이다.

■ 진공 포장 후 냉동 보관

이 방법이 커피의 신선도를 유지하기 위한 최적의 방법이라 할 수 있겠다. 공기를 제거한 후 냉동 보관하면 산소, 온도, 햇빛이 차단된다. 이 때 냉동실 안의 습기가 문제인데 포장재질을 방수가 되는 것으로 사용하면 문제가 되지 않을 것이다. 하지만 이 방법도 단점이 있는데 냉동실에서 꺼내면 온도차에 의하여 결로 현상이 생겨 맛과 향을 바로 저하시키는 점이다.

■ 분쇄된 커피로 보관하는 것

사실 분쇄된 커피는 보관법이 없다. 원두 1알을 분쇄하면 보통 수백만 개로 분쇄된다. 즉, 수백만 배 이상 산화 반응이 촉진된다. 따라서 원두 상태로는 볶아서 20~30일간 지속되는 향미가 갈아버리면 몇시간 만에도 맛과 향이 사라지기 시작한다.

■ 결론

과연 그러면 커피를 어떻게 보관하라는 것인가??

제일 좋은 방법은 원두상태의 커피를 1인분씩 계량하여 습기에 강한 재질로 진공 포장 후 냉동실에 보관하고 먹기 약 30분 전에 꺼내어 실온에 맞추어 결로현상이 포장재에만 생기게 한 후, 그 습기를 제거하고 개봉하여 즐기면 된다. 하지만 이것은 커피를 먹지 말라는 말과 같을 것이다. 이렇게 복잡한 방법으로도 커피를 먹을 사람은 없을 것이기 때문이다.

우리가 밥을 지을 때, 밥을 어떻게 하면 오랫동안 보관할까를 고민하지 않는다. 하루 먹을 밥도 어떻게 하면 맛있게 먹을 수 있을까를 먼저 고민한다. 커피는 밥보다 형편이 나은 신선 식품이다. 밥은 지은 후 하루 안에 먹어야 맛있게 먹을 수 있으나 일반적으로 커피는 볶은 후 20~30일까지는 맛있게 먹을 수 있으니….

■ 커피를 가장 잘 보관하는 법

① 가까운 커피 볶는 집에 가서 최소분량을 구입한다. 보통 100g~200g 정도로 판매할 것이다.

② 커피 볶는 집에서 커피를 구입할 때 제일 신선한 즉, 최근에 볶은 것을 구입하라.

③ 그리고는 매일 1~2 잔 이상 즐겨라. 만일 100g 내지 200g의 커피를 20~30일 안에 소비하지 못한다면 커피를 집에서 즐길 수 없는 사람이다. 밥도 집에서 직접 해먹을 수 없다면 밥집에서 사먹는다. 커피도 커피 전문점에서 사먹으면 커피 보관의 문제는 자연스럽게 해결된다.

100~200g은 커피를 좋아하는 사람이 하루에 1~2잔 즐겨 마신다면 2주 안에는 충분히 소비할 수 있는 양이다. 그리하면 커피를 따로 보관할 필요도 없다. 그냥 좀 시원한 곳에 펼쳐 놓아도 된다. 하지만 먼지 등이 들어갈 수 있으니 위생봉투에 담아 그저 손으로 공기를 한껏 뺀 후 밀폐용기 같은 곳에 넣고 서늘한 곳에 보관하면 된다.

커피를 맛있게 먹는 것! 그것이 커피를 가장 잘 보관하는 방법이다.

김대기의
바리스타 교본

2009년 8월 19일 제1판제1발행
2015년 6월 30일 제1판제6발행

　　　저 자 김　대　기
　　　발행인 나　영　찬

발행처 **MJ미디어** ─────────

서울특별시 동대문구 천호대로 4길 16(신설동 104-29)
전 화 : 2234-9703/2235-0791/2238-7744
FAX : 2252-4559
등 록 : 1993. 9. 4. 제6-0148호

정가 10,000원

◆ 이 책은 MJ미디어와 저작권자의 계약에 따라 발행한 것이
　 므로, 본 사의 서면 허락 없이 무단으로 복제, 복사, 전재
　 를 하는 것은 저작권법에 위배됩니다.
　 ISBN 978-89-7880-197-3
　 www.kijeonpb.co.kr

불법복사는 지적재산을 훔치는 범죄행위입니다.
저작권법 제97조의 5(권리의 침해죄)에 따라 위반자는 5년
이하의 징역 또는 5천만원 이하의 벌금에 처하거나 이를 병
과할 수 있습니다.